中國商品期貨交割的演進與發展

謝靈斌 著

目　錄

導論 / 1

第一章　商品期貨交割的制度背景分析 / 13

第一節　政府偏好主導商品期貨市場的發展 / 14

第二節　現貨市場基礎加強，但全國統一的市場還沒有形成 / 41

第三節　西方成熟期貨市場的經驗為中國提供了有益的借鑑 / 48

第二章　商品期貨交割的歷史軌跡 / 58

第一節　交割制度不健全，小品種活躍，市場逼倉現象嚴重：1992—1996 年 / 59

第二節　交割限量放開，炒作性強的小品種逐步被市場摒棄，大品種的交易日趨活躍：1996—2004 年 / 71

第三節　期貨新品種相繼推出，交割制度逐漸完善，期貨市場功能初步發揮：2004 年至今 / 80

第四節　商品期貨歷史上的惡性逼倉事件及其思考 / 90

第三章　商品期貨品種選擇及交割制度分析 / 101

第一節　商品期貨品種選擇的標準與條件 / 102

第二節　商品期貨交割制度分析 / 111

第三節　商品期貨交割率分析 / 136

第四章　商品期貨交割方式 / 147

第一節　集中交割和滾動交割 / 148

第二節　期貨轉現貨 / 152

第三節　標準倉單交割及非標準倉單交割 / 158

第五章　商品期貨交割的制度創新方向 / 177

第一節　中國經濟新常態的特點及表現形式 / 177

第二節　制度創新的路徑選擇 / 185

第三節　制度創新的動力和主體 / 192

參考文獻 / 197

導　論

一、選題背景和國內研究現狀

世界最古老的期貨交易所——芝加哥期貨交易所的建立已有160余年的歷史了。中國最早的帶有商品遠期交易性質的鄭州糧食批發市場的建立距今也已有15年之久。過去的15年裡，期貨市場在中國經歷了試點探索、盲目發展、清理整頓、規範發展的極其曲折的歷程。從1992年10月9日深圳有色金屬交易所推出中國第一個標準化合約即特級鋁合約以來，期貨市場制度出現了盲目迅速發展的勢頭。至1993年年底，全國國內各部門和各級政府批准開展商品期貨交易的商品交易所共有近40家，會員2,337家，代理客戶超過3萬家，上市品種為七大類50多個。[①] 但是，由於缺乏專門的監管機構和法制不健全，市場一哄而起、制度不嚴、審批混亂、監管缺位的情況大量存在。從1993年開始，中國進行了長達八年的治理整頓，最終保留了三家交易所，即鄭州商品交易所、大連商品交易所、上海期貨交易所。2001年，中國期貨交易開始走出低谷，呈現恢復增長態勢，2003年開始，中國期貨交易加速增長。2009年，商品期貨成交量達21.6億手，躍居世界第一，占全球成交量的43%，

---

① 祝合良. 中國期貨市場的規範和發展［M］. 北京：社會科學文獻出版社，2012：25.

成交金額為130.5萬億元。2014年全國商品期貨市場累計成交量為22.88億手，累計成交額為127.96萬億元。2015年全國商品期貨市場累計成交量為32.37億手，累計成交金額為136.47萬億元，同比增長41.46%和6.64%。

　　隨著國家市場經濟體制的建立和逐步完善，無論是理論界，還是監管部門、期貨交易所、期貨公司，都對期貨市場進行了大量的研究和有益的嘗試，並提出了許多有益的建議和措施。可是我們也應當看到，相對於證券市場來說，期貨市場的研究相對較少，尤其是對在期貨交易中佔有十分重要地位、保證期貨價格和現貨價格趨合的商品期貨的交割，則更顯不足。目前，國內的研究主要集中在以下幾個方面：

　　1. 交割方式創新對期貨市場功能的影響及國外經驗借鑑

　　在定點倉庫進行的實物交割成為商品期貨交割的普遍方式。不同學者探討了其他的交割方式。

　　羅孝玲等（2004）提出現金結算交割方式在某種程度上能夠避免「多逼空」事件發生，在商品期貨市場上引入該種交割方式，能夠吸引更多投資者，但前提是有成熟的現貨市場、現貨數據完備、指數合理。

　　荊林波（1998）、高全勝（2008）對現金交割方式，陳偉等（2010）對廠庫交割進行了研究；胡俞越等（2012）對保稅交割的實現條件及對期貨市場功能的實現進行了分析。

　　高靜美（2009）實證分析和比較了芝加哥商業交易所的活牛期貨合約交割方式的轉變，指出無論採用何種方式，都應根據商品的特徵來定。如果中國要上畜牧產品，更應當進行充分的論證。

　　冷冰等（2013）分別對國外典型農產品、能源、金屬期貨的交割方式進行了系統的研究和總結，認為交割的首要目的應當是促使期現價差趨零，其次是降低交割成本和買方的不確定

性，以及今后期貨交割的發展趨勢。這對於完善中國多層次資本市場的建設有重要意義。

2. 交割選擇權與期貨價格關係的研究

李洪江、馮敬海（2005）論證了在完整市場中，基於賣方的交割地點選擇權，分析了允許兩個地點交割的期貨合約的升貼水設置問題。研究以豆粕期貨為對象，當改變升貼水率時，人們可以改變備擇地交割的選擇權價值，進而反應交割傾向，即賣方在多大程度上可以從備擇地交割地交割商品而獲利，進而輔助期貨市場的調控決策。

陳偉（2012，2013）研究了賣方交割地點選擇權和買方提貨時間選擇權對期貨合約價格的影響。對於多個交割地點現貨價格不完全一致的情況，陳偉通過構建組合及論證發現：不同地點之間價格波動越大，交割地點選擇權價值越大，期貨價格越低於單一交割地點現貨價格，期現倒掛的現象越明顯。廠庫交割制度下，由於賣方賦予了買方提貨時間選擇權，而這一選擇權在均衡條件下會提升期貨價格，當現貨（或期貨）價格處於上升期時，提貨時間選擇權價值往往較大，當現貨（或期貨）價格出現下跌，提貨時間選擇價值會減小。

3. 交割對商品期貨市場的影響

童宛生（1997）根據馬歇爾的基本思想，構建了一個期貨價格模型論證期貨價格與現貨價格之間的關係，進一步表達了馬歇爾的思想。實證顯示，商品期貨價格與現貨價格的差額受生產費用和商業費用的變動影響，現貨價格對期貨價格起決定性作用。

楊玉川（2002）運用沃金理論構建了模型，結果表明，在期貨市場交割量最大的月份，商品會出現價格大幅波動及成交量急遽增加的現象，而交割量大幅提高后，隨后的月份交易量會迅速下滑。因此，我們對期貨交割量應不加限制，這有利於

抑制市場過度投機。

張宗成、蘇振華（2003）構建模型論證了期貨交易量與實物交割之間的關係。該模型中，成交量用最高持倉量替代計算出交割率。結果表明：實物交割量大小不僅與持倉量高低具有很強的相關性，也與頭寸集中水平有明顯的相關性。因此，期貨交易中風險監控應以實物交割安全為中心。

4. 關於商品期貨交割制度的分析

謝磊（1995）提出當前中國交割制度存在缺陷，這種缺陷導致實物交割費用偏高，另外交割地點設計的不合理造成現貨市場與期貨市場割裂，一些品種存在資金流與實務流失衡，提高了交割費用，「空逼多」或「多逼空」情況的發生充分說明了交割制度上的不完善。

陶琳、李經謀（1997）認為三種不同的觀點對交割制度的安排有著重要的影響，即零交割觀點、限制交割觀點和無限制交割觀點。另外，交割期的長短也會影響期貨合約的流動性。因此，在確定交割期的長短時，應保證有足夠長的時間讓交易者來對沖了結合約，否則，期貨價格和現貨價格在交割月份難以趨合。

荊林波（2000）從有效市場理論出發，在剖析商品期貨交割制度時，首先從市場本身的效率即促進交易和收集發布信息的角度出發，並結合管理效率分析了期貨市場的效率。他認為隨著交易成本的降低，投機者和套期保值者會開始進入市場，交易量的增加會提高期貨市場的流動性，反過來也會增加期貨市場的效率。其次，他採用橫向比較法，對中美兩國商品期貨交割制度所依賴的物質基礎即現貨市場進行了分析，認為目前中國的現貨市場基礎薄弱。

霍瑞戎（2008，2009）是市場上比較早的全面論述商品期貨交割制度影響因素的學者。他認為現貨、基差、套利、成本、

風險、時間、交易情況和規則、市場結構等因素都會影響交割制度。同時，不同的期貨品種在不同時期，各因素影響的重要性也是不同的，當現貨市場不成熟時，期貨市場在一定程度上充當了遠期現貨市場是影響實物交割的最重要的因素。因此，在設計期貨交割制度時應綜合考慮以上因素。

總的來說，上述研究注重於現實問題的探討，對期貨交割制度及其相關制度進行了較為深入的分析，提出了一些改革思路和建設性建議。但是上述研究也存在著明顯的不足：對交割問題的研究偏重於現象描述，對交割方式、交割地點或具體針對某種及某類產品的研究較多，而缺乏對影響中國期貨市場及其交割發展的宏觀背景的分析。鑒於此，本書將在現有研究的基礎上，致力於中國商品期貨交割的研究，出於以下幾個方面的考慮：

1. 交割在商品期貨市場中的作用和地位

按照鄭州商品交易所對交割的定義，交割是指期貨合約到期時，按照交易所的規則和程序，交易雙方通過該期貨合約標的物所有權的轉移，了結到期未平倉合約的過程。這裡強調的是買賣雙方的轉移，交割指的是實物交割，國內其他兩大商品期貨交易所對交割的定義本質上與此一致。另外，中國大部分學者對交割的定義基本上屬於這一類。而本書所指的交割，則是廣義的交割，就是指包括實物交割在內的其他所有的交割形式，如現金交割、差價交割、廠庫交割、保稅交割、車船板交割、期轉現、標準倉單交割、提貨單交割等。同時，如果沒有特別說明，本書中的期貨都是指商品期貨，不包括金融期貨。

（1）交割是連接期貨市場和現貨市場的橋樑。期貨市場價格發現和套期保值兩大基本功能的實現，離不開交割。這是因為：空頭套期保值者只有通過實物交割，才能把現貨市場中持有的貨物銷售出去，多頭套期保值者只有通過交割，才能購買

到現貨市場所需要的產品，所以交割可以轉嫁現貨市場的價格風險。

套利者、投機者及部分套期保值者從事期貨交易的目的並非獲得實物，他們更關心的是在交割月時兩個市場之間的基差大小，以及能否對基差套利。但如果沒有實物交割，其交易的目的則無法實現。因此，合理的或正常範圍內的實物交割，既能促進期貨市場的正常運轉及套期保值者參與期貨交易，又能保證期貨價格和現貨價格有規律地運動及趨合。

（2）正常的交割有利於抑制過度投機。臨近交割月時，由於保證金的逐步提高，絕大部分交易者會選擇平倉，盡量避免實物交割。這種行為有利於減少交割日到來時交易者因持倉量過大而導致過度投機現象的發生。所以，當市場出現「多逼空」或「空逼多」時，意味著臨近交割時，期貨價格與現貨價格的價差過大，存在著套利的可能性。中國歷史上曾發生多次惡性逼倉事件，究其原因，既有現貨市場不成熟，也有期貨市場合約設計不合理以及交割制度不完善的因素，也與交易者的非理性有關。但是，可以肯定的是，交割本身並不是引發逼倉的機制，而是一些交易者利用了制度設計不合理的漏洞以操縱市場。

（3）交割促進了期貨市場的流動。交割環節的信息會向現貨市場和期貨市場傳遞，進而調節這兩個市場的商品流通。通常在交割月，影響商品價格的因素已逐漸清晰。所以，正常情況下，交割最能反應兩個市場價格的真實性，使得它們之間保持合理的價差關係，當價差過大時，該信息會導致交易的各方不斷調整倉單數量，從而調整現貨進入期貨市場的數量，以至達到某種均衡的水平。另外，接近交割月，大部分交易者所選擇的平倉，也在一定程度上促進了市場的流動性。

2. 完善交割制度的需要

根據不同的計算方法（具體見第三章），不同品種不同月份

的交割率差距較大。考慮到目前中國商品期貨市場的成交量已躍居全球首位，當前中國期貨市場的規模和特點與對應的實物交割率是匹配的。只要交易交割規則完善，風險控制手段得力，市場並無失衡之虞。近幾年，中國很少再發生逼倉風險。但是，我們也應當看到，目前商品期貨的交割制度比較嚴格，出於對市場的保護，對參與者進行實物交割進行了限制，設置的交割費用也較高。為了吸引更多的交易者進入市場交易，尤其是套期保值者通過市場轉移價格風險，我們就必須努力改善交割環境，降低交割成本，完善交割制度。因此，找到並識別有哪些因素影響交割就至關重要。那麼，影響交割制度的因素又有哪些？結合中國的具體情況和成熟市場的發展經驗，大致有以下幾個方面：

（1）現貨市場環境的因素。現貨商品規避價格波動的理想模式是：通過在現貨市場買、賣商品的同時，在期貨市場賣、買期貨，從而鎖定價格波動風險。商品的市場價格波動主要受該產品的供給和需求影響，也就是說，任何減少供應或增加消費的行為將可能導致價格的上漲，任何增加供應或減少消費的行為都有可能引起價格的下跌。對於期貨商品來說，現貨市場不同的供應量和需求量、交割等級品的規定都會影響到交割行為。如果現貨市場供應充足，交割標準品規定過於寬鬆，會引起可供交割量的大幅增加。反之，當現貨市場需求量過大，期貨交割等級品過於嚴格時，特別是在現貨市場運行不規範，信用機制不完善時，會導致可供交割量不足。這是因為期貨交易是標準化合約，交易標的物有質量保證，具有交貨及時和按時回款等特點，現貨市場的購買者願意通過實物交割來實現購買目的，避免信用風險和現貨糾紛。

（2）交割規則的影響。目前中國實行的是不限制交割的政策，但為了減少過度投機的風險，交割月會採取上調保證金和

限倉制度，導致一部分希望交割的機構因資金不足而提前平倉。現行的交割制度下，賣方具有選擇交割商品質量和發貨地點的權利，在備貨時可以清楚地計算出質量升貼水、運費成本等，當期貨價格高於現貨價格與交割成本和備貨成本之和時即可進行賣出套利。買方只能在倉單註銷以后才能知道貨物質量情況和接貨成本，而且要被動地支付升水金額。所以相對來說，賣方在進行交割時比買方更具有優勢，也更主動。

為提高交割的靈活性，減少定點倉庫的庫容壓力，交易所嘗試推出了多種不同的交割方式。這些方式拓寬了現貨商的交易渠道或者降低了他們的交割成本。如期轉現，對交割品的限制較少，只要交易雙方達成一致就可以，同時也可以減少迂迴運輸的費用。另外，廠庫交割不僅可以有效降低交割成本，免去將交割商品運到指定交割倉庫的運輸成本、裝卸及短途倒運成本以及入庫商品的檢驗成本等，而且與現貨市場購銷區別不大，方便現貨商操作，因此更容易吸引和帶動現貨商進入期貨市場。

（3）交割風險的大小。交割風險是指合約到期時，無法實現交割的風險，既包括系統性風險，也包括非系統性風險。非系統性風險應當是治理的重點，在中國的主要表現形式就是逼倉。

通常來說，規範化的期貨交易，其交割率和交割絕對量一般都保持在一個相對穩定的幅度內，因此巨量的實物交割都發生在逼倉上。逼倉是一種非正常的經濟行為，從短期來看，也許會提高交易量，但逼倉發生后，會破壞期貨市場的正常交易秩序，其后果需要很長的時間來修復，伴隨的是后續月份的交易持續下跌，逼倉的影響消失後，該品種的交易和交割才有可能趨於正常。

國家政策作為基本面因素，對某種商品的供需關係和發展

變化會產生重大影響。當新的政策信息出現時，交易者會據此做出判斷，但是每個市場參與者由於經驗不同，對信息的判斷和處理能力不同，有時會做出完全不同的決策。政策信息的遲遲不明，會導致期貨價格的波動幅度加大。這種分歧將會延續直到合約到期，並導致較高的交割水平。

（4）交割成本的高低。交割成本既包括市場利率水平、國家稅收政策等宏觀部分所產生的成本，也包括微觀部分如手續費、包裝費、運輸費、質檢費、倉儲費等。

利率較高時，意味著進行交割的資金成本會增加。這是因為，從期貨合約下單成交到實物交割完成，通常會有一定的時間間隔，這段時間會產生資金的占用。當市場利率高時，在資金一定的情況下，利息費用會增加，從而增加交割成本，降低交割的意願。實物交割會涉及增值稅專用發票，個人並不具備開具資格，當然中國也不允許個體投機者進行實物交割。

目前，中國期貨市場具體的交割費用相對來說偏高。這些費用成為期貨交割成本的重要組成部分。如果交割費用過高，會抑制交易者通過期貨市場以實現現貨商品購買和銷售的慾望。當然，我們也並不是鼓勵交割，甚至讓期貨市場成為變相的現貨市場。但是進一步降低交割費用標準，尤其是倉儲費用和包裝費用等，與現貨市場標準接軌，有利於縮小兩個市場之間的價格差，從而吸引商業買盤介入，實現市場力量的均衡。

二、本書的分析框架和主要內容

商品期貨交割制度是商品期貨市場中交易所規範不同品種的交割、倉單註冊及註銷管理、品種交割流程、交割費用等進行規範管理的制度規範。它的發展和完善及實施不僅受到期貨市場自身發展規律的影響，也與中國特定的制度背景有著密切的關係。因此，筆者在第一章中把期貨交割制度放在整個中國

大的經濟環境中進行考察，認為中國商品期貨交割制度不僅受到政府偏好、現貨市場發展完善程度的影響，也受到西方成熟期貨市場交割制度的影響。按照期貨市場的規範化程度，中國商品期貨市場大致分為四個階段，即制度探索和準備階段、制度試點和盲目發展階段、制度整頓階段、制度規範發展階段。伴隨著期貨市場的日漸規範，中國政府對價格體制和流通體制的改革，以及中央政府規範地方市場分割、地方保護的嘗試和努力促進了市場競爭的提高，也使得交割賴以生存和發展的現貨市場基礎正逐漸成熟。同時，中國商品期貨合約設計和相關制度的制定，從一開始就是在借鑑西方國家尤其是美國的制度的基礎上發展起來的。因此，在第一章的最后部分，筆者對西方尤其是美國的期貨市場發展進行了回顧，並對美國的期貨交易制度進行了簡單的介紹。

　　中國商品期貨市場上歷次發生的風險事件，基本上都是最后集中到交割環節爆發。人們對交割作用的認識，也經歷了認為它是多余的環節到促進期貨價格和現貨價格趨合的制度保證這一過程。在第二章中，筆者對中國商品期貨交割的歷史軌跡進行了剖析，認為其大致經歷了三個階段：第一階段，人們對交割的作用認識存在誤區，零交割觀點在市場中有廣泛的影響，各交易所都採取限制實物交割的政策，認為交割率越低越好，這一時期，小品種交易活躍，「多逼空」或「空逼多」發生頻繁；第二階段，交割限量已經放開，特別是當期貨市場經過治理整頓只保留了三大交易所后，改變了以前相同交易品種不同交易所上市交割形式不同的局面，實現了交割方面的統一，這一時期，大品種交易取代了小品種交易，逐漸呈活躍狀態；第三階段，期貨新品種的開發取得了突破性的進展，形成了覆蓋糧、棉、油、糖、能源化工、金屬等的期貨品種體系，期貨交易制度已日益完善，在日益規範的制度面前，交割風險已很少

發生。第二章的最后部分，筆者選取了中國期貨歷史上幾次比較典型的風險事件進行了剖析，並對事件進行了總結和思考。

第三章和第四章都屬於具體的交割制度內容。出於篇幅考慮，我們把交割方式單列一章。現貨市場上的商品數以萬計，並不是每一種商品都能夠成為期貨市場上的交易品種。那麼什麼樣的商品才能成為期貨上市品種呢？第三章的第一部分將回答這個問題，即自然屬性下，商品易於儲藏和便於運輸，產品的質量、等級和規格易於劃分，生產時間或空間上相對集中、而消費上則相對分散；現貨市場發展情況上，價格波動較大，有大量的供給和需求；產業結構上需具備較長的產業鏈，相關產業縱向一體化程度較低。在第三章中，筆者還從具體的合約設計出發，探討了交割等級物和升貼水的設計，交割費用的規定，交割糾紛和違約及其責任歸屬，標準倉單的流通，交割倉庫的設置和管理等問題，試圖提出一些改革思路和建設性的建議。期貨交割率作為一項相對指標，綜合反應了實物交割的運行情況，通過交割率的高低來評價期貨市場的發育成熟程度具有一定的科學性和適用性。因此，在本章中，筆者以2015年三大交易所各品種數據，分別按交割量與成交量之比、交割量與持倉量之比計算各月份的交割率。數據顯示，總體上來說中國交割率是比較低的，但不同品種還是具有自己的一些特點，並且交割量與持倉量之比明顯大於交割量與成交量之比，部分品種部分月份差距極大。

第四章對國內的各種主要交割方式——集中交割、滾動交割、期貨轉現貨、提貨單交割、倉庫交割、廠庫交割、中轉倉單交割、車船板交割的流程和適用範圍進行了探討，對它們的優缺點進行了分析，並對它們在中國的應用情況進行了述評。

第五章分析了中國經濟新常態：經濟從高速增長轉為中高速增長，經濟結構不斷優化升級，經濟增長方式由要素驅動、

投資驅動轉向創新驅動，當商品期貨市場賴以發展的制度環境發生變化時，期貨交割制度創新的主體包括哪些？筆者以為，在新常態下，由政府主導的、建立在政府偏好基礎上的自上而下的強制性供給行為已不能適應期貨市場及交割制度的發展要求。因此，本章對政府主導的局限性進行了分析，認為其缺陷包括：組織制度的缺陷、市場制度的缺陷、合約設計制度的缺陷。為了提高制度創新的動力，減少制度安排的缺陷，降低推進制度變遷的阻力，政府應當退出創新，同時在制定相關政策時應該更多地考慮微觀經濟主體的利益訴求。微觀主體如投資投機商、套期保值者、套利者、經紀人應該主動參與到制度創新中來。當然，單個主體的力量是有限的，因此誘致性制度變遷的微觀利益主體應當在適當時機通過本利益集團的代言人或者新聞媒體與政府監管部門溝通，在不斷的討價還價后與政府達成某些互利的交易，從而使政府通過正式制度承認微觀主體的利益訴求。

第一章　商品期貨交割的制度背景分析

　　作為期貨市場中的交割制度，其制定和實施總是嵌入在特定的制度背景之中的，實施的效果不僅受到該政策自身完善程度的影響，還受到中國特定的制度背景和期貨市場發展規律的影響。

　　根據諾思的制度變遷理論，當一種制度向另一種制度演進時，其實質就是一個追求潛在獲利機會的自發交替過程，這個過程既可以是政府以法律、政策、規章制度及命令強制進行的，也可以是個體或機構因回應獲利機會而自發形成、組織及實行的。即政府在收益目標函數預期最大化下推動實施的強制性制度變遷以及人們追求潛在獲利機會而自然成長的誘致性制度變遷。中國期貨市場曾經多次發生巨量交割以及逼倉事件，該領域中幾乎所有的風險事件最后都集中在交割環節爆發。交割制度的缺陷日益顯現，在風險事件導致信息扭曲，從而形成的價格並不能反應現貨市場價格的變化方向，也無法實現價格發現和套期保值兩大基本功能時，作為問題最多的交割環節，其實是在整個中國經濟體制改革摸著石頭過河的過程中，各行為主體對現存制度安排意欲改變但還未改變的狀態，由制度不均衡走向制度均衡的過程。

第一節　政府偏好主導商品期貨市場的發展

期貨市場是人類運用智慧進行的制度創新，是一種有效率的制度安排，能夠促進資源合理配置，帶來經濟和社會福利的增長。與美國期貨市場自然演化式的誘致性制度變遷不同，中國期貨市場的產生和發展都是強制性制度變遷的結果。中國政府是期貨制度的供給者和需求者，在中國期貨市場的制度建設和運行過程中，監管層對期貨市場的行政性干預滲透著政府的意圖，體現著政府的價值取向與宏觀經濟改革的偏好。

一、制度變遷及其模式

美國經濟學家丹尼爾·布羅姆利對制度變遷進行總結，將制度經濟學中的制度變遷的觀點概括為三種：第一種是以哈羅德·德姆塞茨、理查德·波斯納等為代表的產權學派；第二種是以拉擔和速水為代表的誘致性制度變遷模式；第三種是以道格拉斯·諾斯為代表的制度變遷模式。

制度經濟學的開創者是凡勃倫和康芒斯。在 1934 年所著的《有閒階級論》中，凡勃倫認為制度實質上是由個人或社會對有關的某些關係或某些作用的一般思想習慣。今天的制度，也就是當前公認的某種生活方式。制度必須隨著環境的變化而變化，是生存競爭和淘汰適應過程的結果。因此，在他看來，制度基本上是個社會慣例問題。他在分析制度及制度變遷時用的是一種「累積因果論」，即制度變遷的每一步是由以往的制度狀況所決定的，而決定變遷的關鍵因素是「技術」，是本身就屬於現存制度系統功能的技術變遷的速度和方向。在 1934 年撰寫的《制度經濟學》一書中，康芒斯認為制度無非就是集體行動控制個

人行動，集體行動的範圍很廣，既包括無組織的日常習俗，也包括正式的有組織的「營運機構」，如政府、法院、企業、工會等，它們通過「工作規則」對個人進行約束和控制。康芒斯認為制度變遷的原因可歸納為兩方面：一是當制度系統外部環境發生改變時，這種改變導致制度無效率或很難協調以促進利益進行；二是制度系統內部個人或機構因追求自身經濟利益而對現存規則及結構進行改變。所以現存制度的變遷是基於個人或組織的行動，當然，個人或組織的行動無法擺脫社會習俗、道德以及政治和法律的限制，也就是說，他們仍然受到「工作規則」的影響。

德姆塞茨在《關於產權的一種理論》一文中，從外部性角度對產權的變遷進行了經典的討論，從而奠定了產權學派制度變遷的概念基礎。他在文中指出，在對相互影響的人們為調整新的收益——成本的可能性的需要做出反應時，新產權就出現了。即內部化的收益大於內部化的成本時，產權就會將外部性內部化。至於內部化的動力，則來源於經濟價值的變化、新技術的產生、新市場的出現或開闢、舊產權效率低下或不協調。同時，德姆塞茨意識到，只有私有產權才能推進市場和提高市場經濟效率。

理查德・波斯納則提出了衡量產權體制有效性的標準：「廣泛性、排他性、可轉讓性」。他假設產權不能轉讓，即無法通過交換使得資源從效率低的使用上轉到效率高的使用上。他表述了與德姆塞茨基本相同的觀點。

拉擔和速水的誘致性制度變遷模式帶有新古典主義色彩，分析方法中沿用了希克斯的誘致性技術變化模型，創建了一個包括「制度創新的需求」和「制度創新的供給」的模型。對制度變遷的需求來自於技術，以及要素與產品的相對價格變化，但這種變遷不一定是劇烈的或革命性的。對制度變遷的供給則

受到社會科學、文化傳統、意識形態、教育、法律等的影響。制度變遷是有成本的，而且這種成本有可能昂貴。當某一新的制度結構的收益超過變遷成本時，就會產生新的制度，反之，則說明變遷的成本超過收益。

　　林毅夫在1989年用「需求—供給」這一古典的理論構架分析了制度選擇和制度變遷，認為制度可以理解為社會中個人遵循的一套行為規則，制度變遷是對構成制度框架的規則、準則和實施機制結合所作的邊際調整，是用效率較高的制度安排來替代效率較低的制度安排，這種替代可以看作是一種社會制度的「生產過程」，是要支付成本的，並且費用昂貴，從某種現行制度安排轉變到另一種制度安排需要集體行動。制度變遷有兩種模式：誘致性制度變遷和強制性制度變遷。誘致性制度變遷指的是一群人或一個人在回應由制度不均衡引致的獲利機會時所進行的自發性變遷；強制性制度變遷指的是由政府命令和法律引入和實行引起的變遷。引起制度不均衡的原因既有制度選擇集合和技術的改變，也有制度服務和其他制度安排的改變，而制度不均衡將產生獲利機會，為獲得獲利機會帶來的好處，新的制度安排將被創造出來。誘致性制度變遷的前提是創新者的預期收益和費用，只有在預期收益超過費用時，創新者才有動力實施，並因正式制度和非正式制度的安排而不同。正式制度安排指的是規則的變動和修改，需要得到其行為受這一制度安排管束的一群人或一個人的准許，也就是說，需要創新者花時間、精力去組織、談判並得到一致性的意見，同時還會碰到外部效應和搭便車問題。非正式制度安排創新不包含群體行動，並沒有搭便車問題，新規則的接受完全取決於創新所帶來的效益和費用的計算，創新者的費用主要來自圍繞著他的社會壓力。強制性制度變遷是當經濟增長出現不均衡，而這種不均衡由於私人和社會之間在收益及費用的分歧還要繼續存在下去時，當

統治者的預期收益超過他強制推行制度變遷的預期成本時，他將採取措施來消除這種不均衡。也就是說，統治者會以稅收淨收入、政治支持及其他進入統治者效用函數的商品來衡量收益會否超過變遷的成本。但是，統治者的偏好和有限理性、意識形態剛性、官僚政治、集團利益衝突和社會科學知識的局限性，常常會導致政策失敗。

中國的經濟體制改革和實踐為制度變遷理論提供了豐富的研究素材。苗壯在1992年的《制度變遷中的改革戰略選擇問題》中，認為中國改革的成功，很大程度上是由於中國政府有意識或無意識地選擇了邊際性、局部性和誘致性的改革戰略，通過邊際均衡分解難題，通過局部均衡各個擊破以及通過放鬆約束因勢利導。中國在改革起步階段選擇農村的制度安排作為改革的戰略重點，而在農村的改革方式方面，選擇了誘致性改革和強制性改革相結合。另外，中國的價格改革戰略是逐步取消價格雙軌制，再過渡到由市場定價，而對外開放中最初選擇東南沿海地區為戰略重點，這都是典型的由局部均衡所帶動的制度擴散過程。楊瑞龍（1998）提出，黨的十一屆三中全會以來，中國經濟體制在向市場化方向發展時，制度變遷方式的轉換依次經過供給主導型、中間擴散型和需求誘致型三個階段。陳天祥在2001年的《論中國制度變遷的方式》一文中提出，中國由計劃經濟體制向市場經濟體制轉變的過程中，為了保障資源配置的效率，需要政府以制度創新銜接不完全的計劃和不完全的市場。所以，中國的市場化制度變遷具有明顯的政府主導特徵，政府通過設置制度變遷的基本路經與方向和準則及進入壁壘，限制微觀主體的制度創新活動和有選擇地放鬆制度准入條件，促使中國的市場化進程基本上沿著中央政府的預期發展。政府主導的制度變遷發揮了重要作用。

作為新制度經濟學的理論巨匠和創始人，科斯在制度分析

中通過引入邊際交易成本，創立了經驗實證的制度分析。這是他之前的制度理論所無法做到的。其所著的《企業的性質》通過交易成本概念來解釋企業的規模，而《社會成本問題》則認為完善的產權界定可以解決外部性問題。對於經濟的參與人來說，如果其利益衝突可以通過契約的談判、制定和修改及處罰得以解決，政府的干預則不再必需，所以，對參與人來說，最需要的是能夠對當事人產生約束的契約，也就是實質上的制度安排。科斯的研究主要是在小樣本的基礎上，以理性選擇模型為主的經驗實證。他對后來的研究產生了巨大的影響。

作為新制度經濟學派代表的科斯和諾斯，真正地將制度變遷融入了統一的科學分析框架。該學派重視對制度均衡的分析，並在「需求—供給」框架下展開對制度變遷的研究。該學派認為，只有在制度變遷的收益大於變遷的成本時，制度均衡才會被打破。科斯在這方面做了開拓性的貢獻，諾斯等人繼承了科斯的制度變遷需求的方法，同時又開拓性地使用新制度經濟學的研究方法解釋了經濟制度的變遷過程。

諾斯的主要著作有：《1790年至1860年美國的經濟增長》《美國過去的增長與福利：一種新經濟史》《制度變遷與美國的經濟增長》《西方世界的興起》《經濟史中的結構與變遷》《制度、制度變遷與經濟績效》《理解經濟變遷過程》。諾斯的制度理論是建立在有關人類行為的理論與一個交易費用的理論相結合的基礎之上的。最初，作者將制度變遷理解為制度創立、變更及隨著時間變化而被打破的方式，后來，作者認識到制度變遷是一個複雜的過程，是對構成制度框架的正式規則、非正式的約束（行為規範、慣例和自我限定的行事準則）以及它們的實施特徵所做的邊際調整，而相對價格的根本性變化乃是制度變遷的最重要來源。制度是什麼呢？諾斯認為：「制度是一個社會的博弈規則，或者更規範一點說，它們是一些人為設計的、

型塑人們互動關係的約束。」制度作為一種遊戲規則之所以能夠存在，是因為它能夠降低交易成本，促進交換的發展和市場的擴大，為人們之間的相互作用提供穩定的結構。現實社會中，制度有四種自我實施或強化的機制：機構的設置或成本的固定、學習效應、協調效應、適應預期。因此，一種制度如果想有效地運行必須通過上述機制為人們帶來報酬遞增，報酬遞增反過來又會影響制度變遷的發展。因此，制度變遷的軌跡和經濟發展有密切的關係，並產生路徑依賴。

制度變遷在有些國家能取得快速發展，而在另一些國家則長期徘徊不前。按照諾斯的觀點，制度變遷選擇何種道路不僅取決於複雜的信息不完全市場，也取決於制度能否給人們在社會生活中帶來報酬遞增，前者決定了不同的制度變遷路徑，後者強化了這一路徑。政治組織極大地深刻地影響制度變遷的軌跡。什麼是組織？諾斯認為：組織是人們為一些共同的目標而結合到一起形成的團體或實體，包括政治組織（政黨、立法機構、市議會、管理部門）、社會組織、教育組織。政治組織擁有為一切組織和經濟活動制定規則，把非正式約束確定下來成為正式約束的功能。為達到報酬遞增，政府必須制定合理的產權制度，並把自己的報酬遞增建立在經濟組織和社會成員報酬遞增的前提下，也就是說，政府需把自己的行為納入制度化的軌道。

二、中國期貨市場產生的制度分析及其發展進程

期貨市場是節約交易成本的制度創新，期貨交易制度是對現貨交易制度的修正與提升。期貨市場從誕生到今，已經過160餘年的發展，逐步形成了一套嚴密科學的制度體系。儘管晚清時的中國，期貨市場已開始萌芽和初創，在民國時期獲得了階段性快速發展，但新中國成立后，期貨市場出現了長期斷層。

改革開放后，在政府的強力推動下，中國期貨市場在很短的時間內完成了美國期貨市場「遠期交易—合約標準化—環形結算原則與對沖機制」三次重大制度變遷過程。但與美國自然演化的誘致性制度變遷不同，中國期貨市場儘管有誘致性的因素，但主要還是強制性制度變遷。

(一) 期貨市場產生的制度原因

中國期貨市場功能的實現及其自身的發展，除了要受到宏觀環境條件和行業政策的影響和制約以外，還受到政府偏好的影響。縱觀中國期貨市場的發展歷程，可以看出，它與國家領導者的倡議及支持、各級政府的推動、政策制定者的努力是分不開的。

一般來說，制度變遷要經歷以下幾個步驟：首先，產生推動制度變遷的第一集團，並提出可行的方案和進行評估；其次，產生推動制度變遷的第二集團，他們共同推動制度變遷。

新中國剛成立時，穩定是壓倒一切的首要任務，作為市場經濟中規避價格風險的期貨交易，因投機性強，當時並沒有適合它生長的土壤。在新民主主義經濟體制中，雖然市場機制部分地發揮作用，但期貨的投機性與政府當時穩定經濟的目標不相容。在完成新民主主義向社會主義過渡后，中國仿效蘇聯，建立起了高度集中的計劃經濟體制，私有制被消滅，單一的、「一大二公」的全民所有制迅速建立起來。在計劃經濟體制下，價格由政府控制，固定的價格和計劃調撥體制使得各個企業並不是完全的市場經濟主體，而是簡單的生產單位，微觀經濟主體無須承受價格風險，期貨市場在中國的謝幕也是當時經濟體制的必然結果。

在計劃經濟體制時期，國內市場的資源配置由政府進行，期貨市場失去了存在的理由。然而為了發展經濟，國家不可避免地需要與境外組織發生經貿業務合作，在國際業務往來中，

國外市場的價格風險依然存在。20世紀70年代，中國與西方國家先後恢復了正常的國家關係，中國對資本主義國家的貿易占到了國家進出口貿易的75%。在西方國家主導的國際市場上，商品價格波動頻繁，市場風險大，當中國需要通過國際市場進行採購時，其消息有可能引起國際市場價格波動，這時候外商常常趁機抬價，從而給中國的進口帶來損失。客觀存在的經濟風險促使老一輩領導人認識到，我們需要運用期貨交易這一規避市場風險的金融工具，以減少國外採購的價格波動風險。

1973年4月，國家決定從國際市場進口47萬噸原糖，這一任務由外貿部領導下的。中國大陸在香港的窗口公司「華潤公司」的派出機構五豐行執行。由於當時國際市場貨源緊缺，價格趨於上升，國際原糖貿易參考價格為紐約和倫敦的期貨市場價格。如果五豐行直接到國際市場上大量採購，因其數量巨大，必定引起原糖價格上漲。雖然期貨市場在當時的國內被認為是投機市場，是資本主義社會剝削工人階級的工具，是不能利用的市場，但五豐行突破常規，委託香港商人出面，先在倫敦和紐約期貨交易所購買期貨合約26萬噸，均價82英鎊/噸，然後，開始在倫敦、泰國、巴西、阿根廷、澳洲等國際市場上採購現貨41萬噸，均價89英鎊/噸。中國在國際市場上大量採購的消息傳出後，倫敦期貨價格大幅度上漲，5月22日漲到105英鎊/噸，五豐行則在期貨價位較高時平倉，從中賺了240萬英鎊。五豐行在原糖進口中利用國際期貨市場避險，不僅為國家節約了寶貴的外匯資源，也為中國國際貿易減少價格風險提供了有益的經驗。雖然20世紀70年代，中國還利用過黃金期貨交易為國家爭取利益，但總的來說，該時期由於思想上的認識，以及在當時高度集中的計劃經濟體制下，價值規律難以發揮作用，期貨市場在國內沒有存在的現實基礎。

1978年召開的十一屆三中全會，掀開了中國改革開放的序

幕，確立了由計劃經濟體制向市場經濟體制轉變的改革方向，逐步放鬆了對工業品和農產品的價格管制，進一步厘清了計劃與市場的關係。家庭聯產承包責任制的推進，以及國有企業改革的進行，培育了大量的市場微觀經濟主體，使政府宏觀調控職能開始發揮。

在諾斯的制度變遷理論中，制度創新是經濟增長的根本原因，制度創新離不開制度安排及制度環境。諾斯指的制度環境是「一系列用來建立生產、交換和分配基礎的基本的政治、社會和法律規則」，它相對穩定，一般不隨意變動；制度安排是指「支持經濟單位之間可能合作與競爭的方式的一種安排」，它是具體的、可變的。制度安排的積極變動就是制度創新。

改革開放前，企業和個人缺乏創造的積極性，以階級鬥爭為綱的政策及僵化的經濟體制嚴重束縛了生產力的發展，資源配置失效，效率低下，經濟發展嚴重不足，甚至到了崩潰的邊緣。經濟增長的關鍵在於建立有效率的經濟組織，而有效率組織的產生需要在制度上做出安排。要調動微觀經濟主體的積極性，就必須通過市場機制，對人的經濟活動造成一種普遍的激勵效應，保證創新活動的行為主體得到最低限度的補償，用價格衡量他們的效果或產出，提高經濟組織的效率。因此，價格改革不可避免地成為主要內容。

中國期貨市場的制度需求緣於轉移價格波動風險，制度供給者是政府。20世紀80年代中期，中國開始了同一種商品計劃內部分實行政府定價、計劃外部分實行市場定價的價格雙軌制，使得商品價格出現扭曲，一些與人們日常生活相關的必需品的價格出現了巨幅波動。隨著改革的推進，市場調節範圍進一步擴大，農產品的價格特別是糧食價格暴漲暴跌，市場風險加大。1988年物價大幅上漲，全國性搶購和擠兌同時出現，引起國家領導人對這種經濟現象的反思，對期貨制度的相關論證和認知

則源於這種反思。通過國家領導人的倡導和支持、政策和方案研究者的推動、各級政府官員的努力、國際期貨市場的發展，中國形成了第一集團即政府機構及其代言人。所以說期貨市場的制度需求主體是政府，特別是中央政府，而不是企業，目的是轉移價格風險。中國在第一集團的推動下建立了期貨市場研究工作小組，並組織地方力量進行試點研究，經過一段時間的探討、學習、考察和研究，逐步在理論上統一了認識，提出在中國引入期貨交易的試點方案。1990年鄭州糧食批發市場正式建立，並逐步開發出遠期合同，開始顯示出了鄭州市場向期貨發展的可能，受到國內外的廣泛關注和較高的評價。其成功運作產生了正的效應，激起了有關部門及地方政府發展期貨市場的積極性，這也就是所謂的第二集團。在第二集團的推動下，期貨市場迅速發展，兩年多的時間裡交易所達到了四十多家，經紀公司達到了一百多家，上市品種達到了七十多個。與之相隨的管理不規範、人員素質低下、交易品種重複、大量的經濟糾紛、猖獗的投機活動，尤其是一些地下期貨經紀公司開展非法期貨交易，且大量從事境外交易，使得整個市場是談「期」色變，引起了人們對這一市場的誤解和非議，導致第一集團與第二集團之間的矛盾增加，也偏離了制度設計者的初衷。因此從1993年開始中國進行了長達8年的治理整頓，與同時期的基於融資功能的證券市場相比，政府則明顯偏好於證券市場的發展，從而使得期貨市場表現低迷，發展十分緩慢。

隨著治理整頓的結束，以及市場及價格的進一步開放，政府的綱領性文件中幾次提到「穩步發展期貨市場」，中國期貨市場又得到了恢復性發展，交易規模保持增長勢頭，新的期貨品種不斷推出。

(二) 期貨市場的發展進程

20世紀七八十年代，西方國家的期貨市場已進入金融期貨

阶段，對金融和外匯管制逐漸放鬆，新的金融衍生產品不斷被創造出來，並且商品期貨交易數量也呈現快速增長。日本在20世紀80年代不僅有商品期貨，而且也上市了股票指數期貨，並計劃推出匯率期貨。新加坡期貨交易雖然起步較晚，但在政府的支持和主導下，期貨市場迅速發展。新加坡於1984年成立了亞洲第一家金融期貨交易所，1986年第一個推出日經225股票指數期貨。中國香港在20世紀70年代推出過棉花、大豆、糖、黃金、原油、土豆等期貨品種，由於它並沒有農產品期貨的現貨基礎，所以交易並不盡如人意，部分品種如棉花被迫停市，只有土豆比較成功；80年代隨著金融期貨登上國際舞臺並成為市場新寵，香港抓住機會專走金融期貨之路，在1986年5月推出了恒生指數，並獲得了極大的成功。

國際期貨市場的發展不僅成為中國期貨市場的重要動力，同時對外開放政策的實行和向市場經濟發展轉軌，也要求中國在大力培育與發展國內市場的同時，按國際市場運行的共同規則積極參與國際競爭，充分利用國際市場資源來保護國內市場發展。而鄰近國家和地區期貨市場的發展，特別是中國香港地區交易所的成功發展更是給中國內地帶來最直接的感性認識，成為中國內地建立期貨市場最直接的學習榜樣。

1. 制度探索和準備階段（1987—1990年）

國內正式提出建立期貨市場是1987年，當時，香港實業家楊競羽先生針對中國市場發展的現狀，向中國領導人提出培育期貨市場、建立期貨交易所的建議，受到國家領導人的高度重視，並作了肯定的批示。從此，建立中國期貨市場的問題引起了人們的廣泛關注，探索、籌劃、試辦具有中國特色的期貨市場的觀點，頻繁出現在中國政府的官方文件中，並把建立期貨市場與國民經濟體制改革密切聯繫在一起。

1987年年底，國務院發展研究中心提出了發展中國期貨市

場的設想及研究工作計劃。1988年1月8日，中央辦公廳秘書局整理了一位美國期貨專家的講稿《關於期貨貿易的基本知識》，供各級領導參閱，以便讓他們瞭解西方發達國家的成功經驗。

　　1988年2月10日，時任總理李鵬致函國務院發展研究中心，提出研究國外期貨制度，以便應用於中國，保護生產者和消費者利益，保持市場價格基本穩定。隨后，國務院發展研究中心價格組、國家體改委流通司和商業部商業研究所聯合組成了「期貨市場研究工作小組」。同年3月25日，李鵬總理在七屆人大一次會議《政府工作報告》中指出：「加快商業體制改革，積極發展各類批發貿易市場，探索期貨交易。」

　　1988年4月16日，期貨市場研究工作小組在北京組織召開了第一次期貨市場工作座談會，會議對在中國建立和發展期貨市場的必要性和緊迫性以及具備的條件和工作指導原則進行了認真的討論。討論認為，建立期貨市場有利於引導價格合理形成及深化商業流通環節的配套改革。中國新舊體制並存，市場調節產品所占比重偏低，搞期貨貿易會遇到現有體制的影響，但是，也存在許多積極和有利的因素，如期貨市場的雛形在一些地方已經形成、中央政府和地方政府大力支持、廣大農民群眾有規避價格風險的需要。同時計劃於1988年年底在全國進行3~5個期貨市場的試點。根據座談會的討論情況，工作小組於1988年5月4日向國務院報送了第一份《關於期貨市場制度研究報告》，匯報了小組成立后的工作情況，介紹了國外期貨制度，系統論述了中國發展期貨市場的設想、具備的條件、存在的困難及下一步工作的初步設想。國務院領導充分肯定了研究工作小組取得的成果。1988年5月26日，李鵬總理指示：「同意試點，但要結合中國的實際情況來制訂方案。」這揭開了籌建中國期貨市場的序幕，期貨市場研究工作進入了理論探討、方

案制訂、試點試驗的新時期。

1988年6月27日，期貨市場研究工作小組組織召開了第二次期貨市場會議。會議取得了兩項重大突破：一是確定了小麥、雜糧、生豬、麻等農產品作為期貨交易的開市品種。二是提出了發展中國期貨市場的近期目標——「一個發展，兩個改造」，即大力發展有保障的遠期合同，銜接產需，保護雙方利益，引入期貨交易機制；改造遠期合同，使合同逐步標準化、規範化，便於轉讓；改造批發市場，將現有批發市場逐步改造成服務型交易所。

1988年8月，河南期貨市場研究人員提出了《鄭州糧油期貨交易所試點實施方案》。儘管同一時期，武漢、瀋陽、石家莊等市也提交了期貨試點方案，但期貨市場研究工作小組經過審議，最終認定了「鄭州方案」符合近期中國期貨市場建立的目標。「鄭州方案」之所以被認可，除了地理位置優越、交通便利以外，還因為其設計充分考慮了當時的國情。方案建議先建立以現貨交易為主的批發市場，再開展遠期合同交易，之後逐步發展到期貨市場；品種選擇從計劃外品種逐步過渡到計劃內品種；選擇某一區域進行試點，然後再向全國性市場推進。同年11月，期貨市場研究工作小組在河南鄭州舉辦了國內首屆期貨市場培訓研討班，普及期貨知識，培訓期貨人才。來自全國各地的體改系統、糧食系統的130多名幹部參加了培訓。同年年底，商務部正式決定在鄭州試辦糧油期貨市場和批發市場。

1989年3月，李鵬總理在全國人民代表大會中的《政府工作報告》中明確提出：「培育市場體系，發展生產資料批發市場，試辦期貨市場。」它標誌著試辦期貨市場已提上了國家議事日程，並進入操作性的準備階段。

1989年6月，期貨研究工作小組組織專家對《鄭州糧油期貨批發市場試點實施方案》進行評審，認為其在實用性方面達

到了國內先進水平，基本具備實施試點的可行性，可以根據方案進行市場本身的具體組織、法規等項準備。試點方案的通過，表明建立期貨市場的理論研究和方案設計階段取得了圓滿成功。

1990年6月，期貨研究工作小組和鄭州糧食批發市場籌建辦公室的同志研究制定了《鄭州糧食批發市場交易管理暫行規則》；7月27日，國務院同意試辦鄭州糧食批發市場；9月，商業部和河南省人民政府聯合發文頒布實施。

1990年10月12日，籌備了兩年之久的、中國第一家從遠期現貨起步、以期貨交易為發展目標的市場——鄭州糧食批發市場正式成立。它是在中央政府支持、地方政府努力、各部委共同參與之下完成的，標志著中國期貨市場邁開了第一步，表明了中國在期貨制度探索方面所取得了可喜的進步。

2. 制度試點和盲目發展階段（1990—1993年）

鄭州糧食批發市場是中國第一個農產品中央交易市場，主要經營小麥、玉米，同時開辦所有糧油品種及其副產品的交易。它既不同於傳統的現貨批發市場，也不同於規範的期貨市場。重要意義是其引入了「期貨交易機制」：吸收符合條件並具有法人資格的糧食生產加工企業和批發企業為會員，只有會員才能進場交易，非會員需委託會員代理交易；實行公開競價制度；實行保證金制度，會員入會需繳納資格保證金一萬元，合同簽訂后還需繳納基礎保證金，如果商品價格波動大，需追加保證金；實行實物交割制度；實行信息公開制度。

鄭州糧食批發市場自1990年10月開業以來，從實際出發，不斷規範標準，交易量持續上升，輻射範圍逐漸加大，進場交易的省份由成立時的幾個省擴大到20多個，進場交易的企業由單一的糧食經營者發展到糧食生產者及加工消費者。至1991年9月，在市場疲軟的情況下，其交易量達到585,370噸，其中糧食類為453,150噸，油脂油料類為35,970噸，糧油副品類為

96,250噸。在經過近3年的試驗運作后，鄭州糧食批發市場基本上完成了由遠期合同及現貨批發交易向期貨市場的過渡，1993年5月28日正式推出了中國第一個農產品標準化合約小麥，並同時更名為鄭州商品交易所。鄭州商品交易所開業后不久，又推出了大豆、綠豆、小麥、玉米、芝麻，1994年1月，繼續推出了花生仁、豆粕、紅小豆、棉紗等品種，同時進一步完善了會員制度、保證金制度、公開競價制度、集中交易制度、結算制度。

鄭州糧食批發市場的成功運作產生了極大的激勵效應和示範效應，激起了有關部門和地方政府發展期貨市場的積極性。特別是受部門利益和地方利益的影響，中國期貨市場出現了飛速發展的局面。

第一，金屬期貨市場率先成立。在鄭州糧食批發市場的農產品期貨品種處於探索階段時，金屬期貨市場的探索工作已經開始了。如1991年6月成立、9月23日試驗性運作、1992年1月18日正式開業的深圳有色金屬交易所；1991年9月成立的北京金鵬銅交易所；1992年5月28日正式開業的上海金屬交易所。

深圳有色金屬交易所在1992年提出了期貨標準化的設計原則：①重量單位。建議一手合約的重量應以現貨最通用的運輸工具為參考標準。②標準等級、品種規格需有代表性並容易折算，交割時能換成可供現貨商品。③定點倉庫。實物交割必須有定點倉庫，當實物交割量較大時，交割倉庫應設在交割量最大的地方。④交割月份。有色金屬交割月份應考慮與倫敦金屬交易所保持一致。⑤保證金。必須向交易雙方收取保證金，比例應根據期貨品種價格變動幅度確定，一般為合約總價值的5%~15%。⑥交易方式。在交易大廳裡，採取板書為主、叫價為輔的方式，優先以買方最高價、賣方最低價成交。⑦價格波動限

制。每日規定價格漲跌停板制度，防止價格暴漲暴跌。依據上述原則，深圳有色金屬交易所在1992年10月推出了中國第一張標準化鋁期貨合約，實現了由遠期合約向期貨交易的過渡。隨后，該所又上市了銅、鋁、鉛、鋅、錫、鎳、鎂、銻8種金屬。上述金屬在1992年全年產量達到298.8萬噸，占10種常用金屬總產量的99.7%。

上海金屬交易所秉承「既保持中國特色，又符合國際規範」的宗旨，對交易時間的設置最初參照倫敦金屬交易所的方法，對不同類別商品分別在不同的交易日小節內進行交易，后調整為在整個交易時間內所有上市品種都可進行交易。在交易方式上，上海金屬交易所是國內第一家採用計算機自動撮合成交的交易所。其由電腦根據各交易者申報的交易價格和申報時間，按照價格優先、時間優先的規則配對成交。該所於1993年3月成功推出了一號銅的標準化合約，由於管理規範，服務優良，使得1993年有色金屬成交量達到2,176.6萬噸，成交金額3,990億元，日均成交額22.8億元，日交易規模已經超過美國紐約商品交易所的有色金融交易量，躋身世界交易所的前列。[1]

第二，農產品期貨市場迅速發展。除鄭州商品交易所外，1993年，一批以經營農產品期貨為主的交易所相繼開業。例如，由國內貿易部和上海市人民政府聯合組建及共同領導的上海糧油商品交易所於6月30日開業，首批推出的品種包括大豆、玉米、白小麥、紅小麥、粳米、籼米、大豆油、菜籽油，會員涵蓋糧食生產、經營和消費企業，覆蓋了全國十幾個省、市、自治區的產區和銷區。大連商品交易所於1993年11月開業，推出了大米、玉米、大豆、綠豆、紅小豆、小麥、豆粕等。海南中商期貨交易所、四川糧油商品交易所、長春商品交易所、北京

---

[1] 廖英敏. 中國期貨市場 [M]. 武漢：湖北人民出版社，1999：94.

商品交易所、蘇州商品交易所相繼於該年成立，期貨品種既有關係國計民生的大品種如大豆、大米、玉米等，還有一些小品種如綠豆、紅小豆等，甚至還有一些當時並不具備上市條件的品種如干海帶、西瓜等。

　　初期期貨市場制度在國內迅速擴展，對深化中國經濟體制改革，降低商品流通費用，促進節約和加快全國統一大市場的形成，促進價格發現機制和導向作用的形成都有一定作用。但是，監管機構的缺乏，法制不健全和無法可依，也帶來了期貨市場的盲目發展，偏離了制度設計者的初衷，出現了許多不容忽視的問題。

　　第一，期貨交易所盲目發展，交易品種過多過亂。1993年年初，全國期貨交易所和具有期貨交易性質的交易所有10家左右。期貨市場能帶來集聚沉澱資金、提高地方知名度、促進交通和經濟發展的作用，迅速為地方政府和各部門所認識。在利益的驅動下，全國各地紛紛建立交易所。據統計，截至1993年年底，經各部門及各級政府批准開展的交易所共有40家（見表1-1），其中會員有2,337家，代理客戶超過3萬多家，上市品種達到七大類50多種。同時各品種在不同交易所重複上市，這些品種中除了玉米、小麥、豆粕、銅、鋁、原油等大品種外，還包括一些根本不適宜做期貨交易的品種如干海帶、花生仁、啤酒大麥、芝麻、黃麻、紅麻、繭絲、尿素和部分有色金屬。由於缺乏科學論證，這造成了資源的極大浪費，集聚了大量風險。

表 1-1　　中國商品交易所（批發市場）一覽表

地區	交易所（批發市場）名稱	交易品種	開業時間
北京	中國建材批發市場	建材	1992 年
	北京木材及林產品批發市場	木材及林產品	1993 年
	北京國家化工交易市場	化工原料產品	1993 年 4 月
	北京石油交易所	石油產品	1993 年 11 月
	北京商品交易所	農產品、金屬、能源、化工、國債	1993 年 11 月
	大鐘寺農副產品交易所	農副產品	1993 年
上海	上海金屬交易所	有色金屬	1992 年 5 月
	上海石油交易所	石油、成品油	1993 年 5 月
	上海化工商品交易所	化工產品	1993 年 3 月
	上海煤炭商品交易所	煤炭	1992 年 12 月
	上海糧油交易所	糧、油	1993 年 5 月
	上海建材交易所	鋼材、三合板	1993 年
	上海農資交易所	尿素、氧化鉀	1993 年 2 月
天津	天津金屬交易所	鋼材、生鐵	1992 年 10 月
	北洋（天津）商品交易所	金屬材料	1993 年 5 月
大連	大連商品交易所	玉米、大豆	1993 年 11 月
沈陽	沈陽金屬交易所	金屬材料	1993 年 9 月
長春	長春糧油交易所	穀物	1993 年
	長春商品交易所	糧食、鐵路運價	1993 年

表1-1(續)

地區	交易所(批發市場)名稱	交易品種	開業時間
哈爾濱	哈爾濱石油交易所	糧食、石油、國債	1993年
鄭州	鄭州商品交易所	糧食、油料、國債	1990年10月
鄭州	中國鄭州建材交易所	鋼材、水泥	1993年
南京	南京石油交易所	石油	1993年3月
蘇州	蘇州商品交易所	線材、繭絲	1992年1月
成都	成都肉類交易所	豬肉、牛肉	1993年11月
成都	四川糧油商品交易所	糧油	1993年11月
成都	四川金屬交易所	金屬材料	1993年
成都	成都農貿批發市場	農業生產資料	1992年8月
重慶	重慶金屬交易所	金屬材料	1993年
廣州	華南商品交易所	石油、橡膠	1992年
廣州	廣州商品交易所	—	1993年
南海	廣州鋼材交易所	鋼材	1993年8月
南海	南海有色金屬交易所	有色金屬	1993年
深圳	深圳有色金屬交易所	有色金屬	1992年1月
海口	海南中商期貨交易所	橡膠、咖啡、糖	1993年11月
菸臺	中國化工物資市場	化工產品	1992年
濟南	齊魯金屬交易所	金屬材料	1993年
秦皇島	秦皇島煤炭批發市場	煤炭	1992年
內蒙古	東蒙煤炭交易所	煤炭	1992年3月
蘭州	甘肅有色金屬交易所	有色金屬	1993年

資料來源：孫尚清. 中國市場發展報告［M］. 北京：中國發展出版社, 1994.

第二，期貨經紀機構出現了超常發展的勢頭，管理不規範。1992年廣東萬通期貨經紀公司和中國國際期貨經紀公司相繼成立。這些公司規模較大，投入資金較多，主要做代理業務，並不做自營業務，收取的費用較高。但是由於國家對期貨經紀公司的審批權並沒有規範，各級地方政府甚至部分縣級工商部門都可審批期貨經紀公司，許多不具備條件的公司都能從事代理業務。同時，國外期貨經紀公司通過各種途徑進入、占領中國期貨代理市場，這其中，不乏一些非法公司，它們主要以牟取暴利為目的，採取違規違法的操作手段如與客戶私下對沖、吃點、對賭、詐騙、虛假宣傳等，造成客戶經濟損失，糾紛不斷，大量資金外流，影響了期貨市場的聲譽，也背離了這一市場建立的初衷。

3. 制度整頓階段（1993—2000年）

紛紛成立的交易所和盲目上市的品種，以及不規範引起的系列問題，不僅影響了期貨市場功能的實現，也影響了國家宏觀政策的實施並擾亂了市場秩序。1993年11月4日，國務院下達《關於堅決制止期貨市場盲目發展的通知》（以下簡稱《通知》），表明必須堅持「規範起步，加強立法，一切經過試驗和嚴格控制」的原則，開始對國內期貨市場進行清理整頓。由於前期存在問題太多，整頓先後經歷了兩次，直到2000年才結束。

第一，清理期貨交易所，壓縮交易品種。針對交易所泛濫，上市品種過多過濫，國家採取了大幅縮減試點交易所和交易品種的措施。1994年3月31日，國務院辦公廳正式批轉了證券委《關於堅決制止期貨市場盲目發展若干意見的請求》，開始對交易所進行審核，對交易品種進行限定。隨後，由證監會、國家計委、經貿委、體改委、內貿部、工商局等部門和相關專家成立的5個調研組，對1993年年底前成立並開業的交易所進行實

地調研和考察，確定了審核交易所的標準，包括期貨合約交易額占本所交易比重、實物交割率、日均交易額、會員數量。1994年10月，經國務院同意，中國證監會下達了《關於批准試點期貨交易所的通知》，批准鄭州商品交易所、北京商品交易所、上海金屬交易所、海南中商期貨交易所、大連商品交易所、深圳有色金屬交易所、蘇州商品交易所、重慶商品交易所、沈陽商品交易所、上海糧油交易所、廣東聯合交易所11家作為中國第一批試點交易所。天津聯合期貨交易所、成都聯合期貨交易所、上海商品交易所、長春商品交易所4家交易所，根據「統一機構、統一結算、統一財務」的原則分別由同一城市的幾家交易所合併而成，1994年和1995年，這4家交易所分別獲得試點資格，自此，經清理後全國共有15家期貨交易所（見表1-2）。

表1-2　1995年中國15家試點交易所35個交易品種一覽表

地區	交易所名稱	上市品種
北京	北京商品交易所	綠豆、國債、線材、膠合板、玉米、大豆、菜籽油、白糖、紅小豆、電解銅、特鋁、純鹼、聚丙烯、聚氯乙烯、豆粕、小麥、精銅、精鋁、大米、花生仁等
上海	上海金屬交易所	銅、鋁、鉛、鋅、錫、鎳
	上海糧油商品交易所	粳米、大豆、綠豆、菜籽油、白砂糖、玉米、大豆油、紅小豆、白小麥、紅小麥、籼米
	上海商品交易所	膠合板、尿素、棉紗、汽油、柴油、重油、液化油、瀝青、白砂糖、氰化鉀、農膜、干繭、生絲、甲醇、天然膠、聚氯乙烯、線材、水泥
天津	天津聯合期貨交易所	線材、白砂糖、大豆、天津紅小豆、生鐵、銅

表1-2（續）

地區	交易所名稱	上市品種
瀋陽	瀋陽商品交易所	線材、1號銅、國債、特鋁、膠合板、原木、螺紋鋼
大連	大連商品交易所	大豆、綠豆、玉米、大豆油、紅小豆、小麥、大米、豆粕
長春	長春商品交易所	大豆、綠豆、玉米、大豆油、紅小豆、白小麥、大米、豆粕、國債
蘇州	蘇州商品交易所	線材、桑蠶絲、桑蠶繭、螺紋鋼、聚酯切片、滌綸低彈絲
鄭州	鄭州商品交易所	大豆、綠豆、玉米、大豆油、紅小豆、小麥、國債、芝麻、粳米、花生仁、鋁、棉紗
廣州	廣東聯合期貨交易所	白砂糖、90號汽油、特鋁、0號柴油、秈米、國債、玉米、1號銅、豆粕、大豆
深圳	深圳有色金屬期貨聯合交易所	特鋁、1號銅、1號鎳、白糖、玉米、輕柴油
海口	海南中商期貨交易所	棕櫚油、白砂糖、國債、天然膠、膠合板、紅小豆
成都	成都聯合期貨交易所	大豆、綠豆、玉米、高粱、特鋁、紅小麥、豆粕、國債、棉紗、菜籽油、銅、桐油、線材、油菜籽、膠合板、凍白條肉、1號鎳
重慶	重慶商品交易所	1號銅、高基鋁、1號鎳、1號鉛、1號鋅、螺紋鋼、線材

資料來源：祝合良. 中國期貨市場的規範與發展［M］. 北京：社會科學文獻出版社，2012.

1995年4月至7月，長春聯合商品交易所定點倉庫——洮南國家糧食儲備庫違規開具虛假玉米標準倉單，交易所並未對該標準倉單的真實性和有效性進行認真審核的情況下，允許其

作為交易保證金抵押，導致交割時無法交貨，造成了極其惡劣的影響。同年 10 月 30 日，證監會決定對其停業 6 個月，同時暫停 1996 年 3 月份以後的合約。1996 年 6 月 19 日，證監會批覆同意長春商品交易所並入北京商品交易所。自此，經過此次整頓後國內期貨交易所剩下 14 家。

1998 年 8 月 1 日發布的《國務院關於進一步整頓和規範期貨市場的通知》中，明確提出了「繼續試點，加強監管，依法規範，防範風險」的原則，要求證監會對期貨市場再次進行整頓，對期貨交易所進行質量和數量上的調整，改變整個期貨市場的格局，將交易所減為 3 家，即大連商品交易所、鄭州商品交易所、上海期貨交易所，交易品種縮減為 12 個（見表 1-3）。

表 1-3　1998 年中國 3 家交易所名稱及上市品種一覽表

交易所名稱	品種名稱
上海期貨交易所	銅、鋁、天然橡膠、膠合板、秈米
鄭州商品交易所	小麥、綠豆、紅小豆、花生仁
大連商品交易所	大豆、豆粕、啤酒大麥

資料來源：《國務院關於進一步整頓和規範市場的通知》。

1999 年，鄭州商品交易所綠豆期貨出現多空對峙，為控制風險和防止過度投機，1 月 12 日，交易所大幅度提高了保證金，超過持倉限量的新開倉部分需追加保證金，但沒有取得預期效果。在市場失控情況下，1 月 18 日閉市後，交易所對綠豆 9903、9905、9907 合約的所有持倉以當日結算價平倉。該措施儘管一次性化解了交易風險，扭轉了前期的僵持局面，但也使得綠豆這一品種交易迅速萎縮，最后退出市場。另外，炒作小品種的資金逐漸向大豆、銅等品種轉移。2000 年，證監會開始實行「扶大限小」政策，即小品種實行較高的保證金比例，而大品種實行較低的保證金比例。

第二，對經紀機構進行清理整頓。期貨經紀機構是期貨市場的重要主體，是聯繫交易所與客戶之間的橋樑和紐帶。1992—1993年，是中國經紀公司發展的高峰期，但伴隨的是違規業務突出，損害客戶的情況時有發生。1993年4月開始，國家對期貨經紀業務的治理整頓陸續開始，經紀業務從盲目發展階段步入治理整頓時期。1993年上半年，中國頒布了第一個規範期貨市場的管理法規《期貨經紀公司登記管理辦法》（以下簡稱《辦法》），對期貨公司的法律地位進行了明確：期貨經紀公司是依照國家法律、法規及本辦法設立的接受客戶委託，用自己的名義進行期貨買賣，以獲取佣金的公司。《辦法》還對經紀公司應具備的基本條件、登記機關、從事經紀活動遵循的原則等進行了規定。

1994年，全國期貨經紀業聯席會成立，制定了《全國期貨經紀業聯席會自律公約》，對期貨經紀業務的經營行為從客戶開戶、保證金管理、代理交易的每日結算、為客戶提供的信息服務、期貨知識的宣傳、從業人員的管理、期貨經紀業務之間的競爭和協作等方面進行了約定。

1994年11月8日，國務院證券委員會頒發了《期貨經營機構從業人員管理暫行辦法》，規定從業人員實行註冊登記制度，需取得從業資格證書，並實行兩年一次的檢查制度。

1994年年初，全國各省市工商局初審上報到國家工商局的期貨經紀公司有300餘家，其中已在國家工商局重新登記的有144家。證監會對期貨經紀公司按照規定進行審核，對達到要求的發放期貨經紀業務許可證。截至1995年年末，共有200多家期貨經紀公司獲得中國證監會頒發的期貨經紀業務許可證。1995年10月27日，中國證監會和國家工商局聯合發布《關於審核期貨經紀公司設立期貨營業部的通知》，對期貨經紀公司設立營業部的註冊資本金和數量進行了限定，規定每家公司最多

設立3個期貨營業部。1996年2月23日，國務院批轉了證券委和證監會《關於進一步加強期貨市場監管工作的請示》，規定期貨經紀公司不得從事期貨自營業務，已從事的需從1996年3月4日起在40個交易日內，將已有的自營頭寸進行平倉，對違反規定從事自營業務的，將根據情節輕重做出責令改正、罰款、停業整頓、取消期貨經紀資格的處罰。從1997年開始，證監會對期貨經紀機構實行年度檢驗制度，未經年檢的或年檢沒通過的期貨經紀機構，不得繼續從事期貨經紀代理業務。

第三，建立統一的期貨監管機構。1993年11月4日頒布的《關於堅決制止期貨市場盲目發展的通知》明確規定：對期貨市場試點工作的指導、規劃和協調、監管工作由國務院證券委員會（簡稱證券委）負責，具體工作由中國證券監督管理委員會執行（簡稱證監會）。證監會接受證券委的領導和指導。

1994年5月16日，國務院辦公廳轉發證券委《關於堅決制止期貨市場盲目發展若干意見的請求》，要求各級地方政府配合證監會加強對期貨市場的監管。這種情況一直持續到1998年。

1998年3月29日，國務院發布《國務院關於議事協調機構和臨時機構設置的通知》，決定撤銷國務院證券委員會，工作改由證監會承擔。同年8月5日國務院批轉了證監會《證券監管機構體制改革方案》，確定中國證監會對全國證券、期貨業進行集中、統一監管。1999年6月2日頒布的《期貨交易管理暫行條例》，首次以法規的形式明確規定，中國證監會對期貨市場實行統一的監督管理。

為加強自律管理，中國期貨業協會籌備組提交的《申請成立中國期貨業協會的報告》於1994年10月21日被證監會批覆。協會由期貨經紀機構、期貨交易所特別會員以及期貨從業人員個人會員組成，最早籌建於1995年。2000年12月29日中國期貨業協會正式在北京成立，它是行業的自律性組織。自此，中

國期貨市場的三級監管體系初步形成。

4. 制度規範發展階段（2000年—至今）

中國期貨市場在經過前期的治理整頓後，開始步入法制化、規範化的運行軌跡，市場品種結構發生變化，成交量快速增長，市場功能初步實現，進入了規範化的發展階段，各項制度不斷完善。

第一，監管制度不斷完善。中國期貨業協會的正式成立，標誌著中國期貨市場基本形成了以國家證券期貨監督管理部門、行業自律組織和期貨交易所、期貨經紀公司為主體的三級監管模式。中國證監會行使市場的宏觀監督管理職能，對全國期貨市場實行統一集中監管，制定期貨市場的方針政策、發展規劃、有關規章規則和辦法，起草期貨市場的有關法律，對市場主體運作的合規性依法進行監管，提示市場風險。中國期貨業協會行使行業自律管理的權利，牽頭有關專家，制定期貨行業發展規劃，對行業發展進行協調和指導，協助中國證監會開展期貨從業人員資格考試，舉辦從業人員繼續教育培訓和高管人員培訓，對行業與監督管理機構的溝通起橋樑作用。期貨交易所和期貨經紀公司則具體承擔市場交易的直接監控和風險管理職能。三級監管模式的形成，使得中國期貨監管方式已從直接管理轉變為遵循市場規律、減少行政干預、市場化、法制化、國際化的方向發展，並具備了較為完善的風險防範體系。

第二，法制法規及規章制度逐漸健全。2007年和2012年，國家先後兩次對《期貨交易管理條例》進行了修訂，除此以外，《期貨從業人員管理辦法》《期貨公司董事、監事和高級管理人員任職資格管理辦法》《期貨公司風險管理指標管理試行辦法》《期貨公司管理辦法》《期貨從業人員執業行為準則》等法規和規章制度的頒布和實施，對期貨市場交易和運行主體的行為進行了規範。

為了懲治期貨行業的違法犯罪，《中華人民共和國刑法修正案》首次在國家法律中明確了期貨犯罪的條款，如：未經國家有關部門批准，擅自設立期貨交易所、期貨經紀公司，偽造、變造、轉讓期貨交易所、期貨經紀公司的經營許可證或批准文件，從事與內幕信息有關的期貨交易，擾亂期貨交易市場，操縱期貨交易價格或交易量，挪用客戶保證金等。另外，為解決相關期貨糾紛案件的管轄、保全與執行等法律適用問題，最高人民法院2011年頒布的《關於審理期貨糾紛案件若干問題的規定》則給予了更明確的解釋。除此以外，最高人民法院和最高人民檢察院於2012年6月頒布了《關於辦理內幕交易、洩露內幕信息刑事案件具體應用法律若干問題的解釋》。證監會又在2011年發布了《關於辦理證券期貨違法犯罪案件工作若干問題的意見》，在2012年發布了《證券期貨市場誠信監督管理暫行辦法》。上述法律法規及規章制度的實施，極大地改善了期貨交易的法律政策環境，為期貨市場的發展提供了法制保障。

第三，國家政策的扶持和推動。中國期貨市場的建立及發展，是在政府偏好的基礎上產生的。於2001年3月通過的十五計劃綱要中首次提出「穩定發展期貨市場」，標志著中國期貨市場的發展將被納入國民經濟建設的大目標。2004年1月31日發布的《國務院關於推進資本市場改革開放和穩定發展的若干意見》（簡稱「國九條」）明確提出「發展期貨市場」。以此為契機，新的大宗品種如棉花、燃料油、玉米和黃大豆2號品種在當年推出，打破了制約該市場發展的瓶頸，為隨後這一市場的快速穩步發展奠定了基礎。2014年5月9日國務院發布的《關於進一步促進資本市場健康發展的若干意見》（簡稱「新國九條」），進一步提出了「拓展期貨市場」，並明確提出：發展商品期貨市場，以提升產業服務能力和配合資源性產品價格形成機制改革為重點，繼續推出大宗資源性產品期貨品種，發展商

品期權、商品指數等，充分發揮期貨市場價格發現和風險管理功能，增強期貨市場服務實體經濟的能力，建設金融期貨市場。隨后，鎳和錫上市，新的金融期貨如上證50、中證500股指期貨、十年期國債、上證50ETF期權先后上市。

第二節　現貨市場基礎加強，但全國統一的市場還沒有形成

在計劃經濟時期，現貨商品的生產者和經營者不會產生進入期貨市場的衝動，因為在此類商品的流通過程中並不存在價格波動，從而市場主體的生產經營活動也不會存在價格風險。但是隨著中國計劃經濟向市場經濟的過渡，商品價格的逐漸放開，一些商品的價格劇烈波動，對於需要到現貨市場進行購買和銷售的生產商、銷售商或貿易商來說，由於中間存在一個流通時間差，因此需要承擔較大的價格風險。銷售商或貿易商需要把風險轉移到原材料供應商，而原材料供應商也需要把風險轉移出去。風險能否轉移需要一個競爭充分的現貨市場，因為只有建立在競爭充分的現貨市場上，期貨價格才會具備價格發現功能以及轉移風險的功能。

雖然期貨交易中大部分以反向操作的方式進行平倉，實物交割在商品期貨市場中占的比例很少，但正是這一部分交割，對促進期貨價格與現貨價格在交割月的趨合有重要的作用，也是保證期貨市場不會淪為純投機場所的基本工具。顯然，實物交割中必然要相對應地發生商品流通費用，即期貨交易者將商品實體從生產地或存放地運至交易所指定地點並保存到交割日期期間所發生的一切費用。在計劃分配型流通體制下，全國實行的是統購包銷。各地政府部門按行政區域通過計劃方式進行

幾乎所有生產資料的分配和供應：物資供應按計劃調撥；企業生產按計劃組織；商品銷售按計劃分配；交通運輸按計劃執行；企業基本上沒有自主經營的余地，傳統物流商品儲運體系下的各個環節，包括運輸、儲存、搬運、分揀、包裝、加工、配送等，均完全通過計劃手段進行管理和控制。微觀主體的企業或個體沒有參與期貨交易的願望和可能，更不必通過期貨市場來獲得實物。但是，隨著計劃分配體制的消亡及企業自行銷售系統的建立，一方面微觀主體要承擔價格波動的風險；另一方面獨立經營的個體或企業在生產、經營及銷售上有更大的自主權，客觀上有進行套期保值的需要，也就有可能通過實物交割從期貨市場上購買或銷售商品。因此，它要求企業貨暢其流，提高流通效率，降低流通成本。

交割標準品的選擇及替代品的規定、升貼水的設計必須以現貨市場為基礎，並避免標的物過於狹窄引起價格的大幅波動及可能的市場操縱；定點交割倉庫的選擇則不能改變現貨商品的物流方向，交割地的多少則因為市場分割而變得複雜。因此，現貨市場的發展程度直接左右著期貨市場功能的發揮以及交割條款的設計。總的來說，隨著這些年改革的不斷推進及經濟的高速發展，區域市場發展不平衡、地方保護及條塊分割的情形依然存在，但現貨市場基礎正逐漸加強。這可以從以下幾方面反應出來：

一、價格體制改革

市場經濟的核心就是價格問題。在國家廢除計劃價格體制，基本建立起主要由市場形成價格的市場價格機制與體制的過程中，儘管出現了一些混亂，也出現過政策上的反覆如放棄「價格闖關」，但出現的混亂和反覆並沒有影響改革開放的大局，也沒有影響到中國經濟的高速發展。而且，在經過一系列相關政

策制定和修訂后，國內關於價格總水平調控、關係國計民生重要價格、競爭性產品價格、壟斷性行業價格管理的法律法規體系不斷得到改革，法律法規實施、執行程序方面的規定已經具備，各種類型價格也逐漸理順。總的來說，其價格體制改革經歷了以下過程：

第一，改革傳統計劃價格體制。為了改變不合理的價格局面和工農業產品比價關係，1977年8月，國務院決定改革全國物價管理體制，並成立了國家物價總局①。1981年7月，國務院決定成立價格研究中心，主要負責研究、測算理論價格，提出價格改革總體方案。1982年8月，《物價管理暫行條例》發布。至此，一個包括國家物價局、國務院價格研究中心等的一整套包括研究、決策、具體實施的物價機構體系和以《物價管理暫行條例》為基礎的法規政策體系得以建立起來。

第二，1979年，國家提高了對農產品的收購價格，至1982年年底，國家調整了幾乎所有商品和服務的價格，並形成了計劃外產品由市場定價，計劃內產品由政府定價的「價格雙軌制」。所謂「計劃外」產品是指超產的產品、新產品、極需加大產量的產品，「計劃內」產品是指原計劃定價體制內的產品。隨著自主定價產品越來越多，並且價格普遍比計劃內產品要高，再加上計劃內產品定價的不科學和不合理性，1984年10月以后，政府基本上放棄了以政府定價為主的方式，轉而更多地依靠市場定價。但總的來說，這段時間採取的是「計劃經濟為主，商品經濟為輔」的價格管理方式。

第三，1988年5月，中共中央政治局會議召開，批准了全面改革物價和工資的計劃。8月19日，《人民日報》公布了全面

---

① 國家物價總局1982年更名為國家物價局，1994年並入國家計劃委員會。

放開物價的決定，國家進一步放開了農產品和部分工業用品的價格，增加了市場調節的部分。1992年10月召開的十四大，正式確定了建立社會主義市場經濟體制的總目標，使得價格體制改革進入了創建市場價格體制時期。隨後，一般商品的價格逐漸被放開，《中華人民共和國價格法》在1998年5月1日正式實施。

2000年開始，國家完善了糧食價格調控體制，對電力、電信、鐵路、民航、郵政、城市公用事業價格進行了改革，對上述壟斷性行業產品建立了基本規範的行業價格制定和調整制度，同時，對水資源及礦產資源價格也進行了改革。雖然從2005年開始，價格改革推進緩慢，在改革進入深水區后，對壟斷性行業和公用事業價格的改革沒有繼續深化。但是不可否認，中國目前已基本上建立了市場價格體制和機制，有關競爭性產品、壟斷性行業產品、關係國計民生的重要產品價格的法律法規體系不斷完善，法律法規實施、執行程序方面的規定已經具備。而隨著市場在配置資源中所起的作用越來越大，價格的波動程度也隨之增加。對機構用戶來說，為減少價格波動風險，客觀上要求能有提供避險的工具。

商品期貨市場的產生源於減少或規避價格波動的風險，其上市的品種大多數是基礎性的原材料或關係國計民生的大宗農產品，這些產品很難被廠家或消費者聯合控制，基本上接近完全競爭市場，價格波幅較大。

二、流通體制改革

商品流通體制的變化必然會影響流通成本與流通結構。它對交割的作用主要有三方面：一是期貨交割是經濟市場化的產物，它客觀上要求降低費用，貨暢其流；二是運輸、倉儲等費用的變化會對期貨交割的時間、地點及交割量產生影響；三是

其要影響交割定點倉庫的選址和不同距離升貼水的設計。所以商品流通體制的市場化程度與期貨交割緊密相關。

改革開放以前，中國實施的是以「三級批發、單渠道流通」為特徵的高度集中的計劃型商品流通體制，產品基本上按照固定的價格、渠道、銷地進行流通。1979年起國家放開了集市貿易的限制，不僅第三類農副產品可以上市，而且完成派購任務後的一、二類農副產品（除棉花外）都可以上市。國家還擴大了商業企業自主權試點，至1984年年底，全國有60多個城市及10多個縣建立起了110個物資貿易中心。

20世紀80年代初至90年代初，中國流通體制領域實施的是計劃調節和市場調節相結合的方式。首先將國家嚴格控制的「統購統銷、統購包銷」的商品購銷體制逐步放開，允許生產者在一定範圍內將產品自行銷售，允許商業部門在一定範圍內自由採購商品。其次將原屬中央管理的一級採購供應站和省屬的二級採購供應站的管理權下放到地方，減少商品流通環節，對工業企業自銷的權力和範圍進行了規定，積極發展城市貿易中心和農產品集貿市場，實行多渠道商品流通。再次，鼓勵開闢流通新渠道。1982年中共中央一號文件提出「必須多方設法疏通和開闢流通渠道，要有計劃地試辦和發展社隊集體商業」；1983年中共中央一號文件提出「調整購銷政策，改革國營商業體制，放手發展商業，適當發展個體商業。實現以國營商業為主導，多種商業經濟形式並存。要打破城鄉分割和地區封鎖，廣闢流通渠道」。最后，對流通企業的管理制度實行了全面改革，建立和完善了承包經營責任制，對小型流通企業採取了「改、租、轉、賣」，增強了流通企業獨立自主開展經營的能力。

20世紀90年代初至90年代末，是中國商品流通市場化發展的階段。以1992年鄧小平的南方講話及十四大的召開為契機，流通體制改革進入了新的階段。首先，計劃分配型的商品

流通體制基本終止，流通經營主體更加多元化。隨著各省市商業行政管理局的先後撤銷，原來屬於國有商業系統的商業企業開始獨立自主經營，與大量的原國有流通系統之外的流通主體展開競爭。生產企業產品進入市場的渠道呈現多元化趨勢，流通經營主體中國有流通企業和集體流通企業的份額下降，而個體流通企業、合營企業以及其他流通企業的份額上升。其次，各種新型的流通業態開始出現，流通企業加快了現代企業制度建設。連鎖經營、超級市場、便利店等新型的流通業態出現並迅速發展，部分流通企業進入資本市場融資。至1999年年底，共有73家流通企業上市。

2001年年底中國正式加入了世界貿易組織。以此為契機，流通業加快了對外開放，在競爭加劇的情況下，兼併收購和重組的數量大幅度增加，一批具有較強資本實力和經營規模及市場競爭力的現代流通企業產生。受到科學技術及經濟發展的影響，物流運行和管理效率逐漸提高，商品週轉效率提升，專業物流和企業物流共同發展，第三方物流興起。

三、中央政府規範地方市場分割、地方保護的嘗試和努力有利於促進市場競爭的提高

中國在經濟轉型過程中，培育進入現代化市場的微觀經濟主體採取了兩步走的步驟：第一步是行政性分權戰略，即大力發展非國有制經濟，把中央對國有制經濟的控制權大部分下放給地方政府；第二步是經濟性分權戰略，即按照建立現代企業制度的要求，明晰產權關係，把經濟增長的推動主體由地方政府轉換為各類受市場約束的企業，奠定企業在市場經濟中的微觀主體地位。

隨著改革的不斷深化和經濟的高速發展，地方政府擔當了推動地區經濟增長的重任，擁有的可支配資源和微觀決策權增

加，並且可以直接干預企業的活動，已不再被動地執行中央政府命令。地方政府與中央政府的目標，既有一致性，也有差異性。從維護自身利益的角度出發，一方面，地方政府逐漸成為地方利益的忠實代表，另一方面，又逐漸具有自己的相對獨立的經濟利益。作為地方政府的官員，在任期內既有追求良好政績的願望，包括鞏固或提升行政職位、完成中央政府下達的任務、優化產業結構、培育市場競爭主體、提高地區經濟競爭能力和發展水平；也有追求擴大區域和個人可支配資源的可能，希望借助權力獲取各類物質形態和非物質形態的收益。比如：為了提高本地企業的競爭和獲利能力，地方政府官員會借助行政以及其他管制手段介入經濟運行之中，並阻礙資本及資源自由進出本地市場，阻止要素的自由流入和流出，對破產重組和兼併收購設置障礙，為增加地方收入和提高就業率盲目投資，採取變通措施阻礙宏觀調控以維護和強化地方利益等。

在政府的激勵約束機制並不十分健全的情況下，地方政府的短期化行為和地方保護主義行為，使得地方保護及其導致的市場分割問題逐步暴露。近年來，地方政府對經濟的干預方式更加隱蔽，由以前的限入限出等強制性手段轉變為諸如質量監督、關稅或技術壁壘等無形措施。地方政府的保護在某種程度上確實收到一些實效，在短期內也有可能促進國民經濟的高速發展。但從長遠上看，這種保護削弱了市場在資源配置中發揮的作用，不利於商品或要素的自由流動，也不利於發揮比較優勢和提升規模效應。低水平的重複投資削弱了產品的競爭力，造成了資源的嚴重浪費。

為減少地方政府的保護行為，消除市場分割，促進區域發展和公平競爭，中央政府制定和頒布了一些法律法規，旨在對地方政府濫用權力進行限制。法律法規有：1993 年實施的《中華人民共和國反不正當競爭法》；2001 年 4 月 21 日發布的《國

務院關於禁止在市場經濟活動中實行地區封鎖的規定》，該規定詳細列舉了地區封鎖的七種行為；2008年8月1日實施的《中華人民共和國反壟斷法》；十六屆三中全會做出的《中共中央關於完善社會主義市場經濟體制若干問題的決定》，該決定提出「加快建設全國統一市場」；十八屆三中全會提出的「市場在資源配置中起決定性作用」。這些法規及決定表明了中央政府對建立正常市場秩序、促進資源流動、加快國內市場一體化的決心，對降低地方政府市場保護主義、提升國內市場一體化、加快形成成熟和穩定的現貨市場有重要作用。

第三節　西方成熟期貨市場的經驗為中國提供了有益的借鑑

中國商品期貨市場從20世紀80年代末開始籌建，1992年試點以來，西方國家的期貨市場已進入高度發達階段，國外典型的農產品、金屬、能源期貨在交割方式、結算、倉單管理、交割風險控制、交割配對、定點倉庫管理、交割地及交割物設計、升貼水設計、交割成本的確定等方面都有成熟的經驗可以供我們借鑑。因此，中國的期貨交割制度可以站在更高的起點上，從而能夠少走彎路並獲得較快發展。

儘管在早期期貨市場盲目快速發展過程中，各交易所為了生存及發展，在資源有限的情況下，要使自己的市場活躍，就必須擁有特色品種，所以不得不在合約設計上做文章，從而使得相同品種合約不同，這種不同主要表現在交割方面的差異。同時擔心大量交割會引發重大風險，各交易所都嘗試限制交割。但不可否認，在期貨市場籌建期間及發展初期，研究工作小組即以當代最發達的美國、日本、中國香港等市場的經驗為借鑑，

並通過派人員外出考察學習、經驗交流、培訓等請進來、走出去的方式，獲得了大量制度設計的知識，通過模仿加創新，並吸取早期交割風險頻發的教訓后，取消了限制交割，並在與之配套的制度如信息披露、大戶報告、保證金、持倉限制等方面進行了規範，促進了期貨業的發展。

一、美國期貨市場的產生與發展

美國期貨市場已經歷了160多年的歷史，它是世界期貨市場中歷史最悠久、最具規模、最為規範的市場。在起步階段，美國期貨市場是生產者和經營者從事遠期商品購銷的市場，交易目的是讓市場的參與者鎖定成本或收益。在成長階段，它是生產和經營者進行套期保值、規避價格風險、確保生產經營預期目標實現的重要工具。在成熟階段，期貨市場不僅是套期保值者規避價格風險的場所，也是價格發現的重要載體。雖然在后兩個階段，投機者大量進入這一市場，但期貨市場為套期保值者服務的初衷並沒有改變。美國期貨市場在發展過程中所累積的許多成功的經驗和做法，為中國早期期貨市場的創辦、目前各種交易規則的制定、未來創建現代化和規範化的期貨市場，提供了重要的借鑑和參考。

美國期貨市場最早產生於美國中西部的芝加哥。1848年，82位穀物商人在美國芝加哥市中心南沙街上的一家麵粉店，創辦了該國第一家也是全世界第一家交易所——芝加哥期貨交易所。其最初被稱為「芝加哥穀物交易所」或「芝加哥商會」，是為促進芝加哥市穀物貿易發展而成立的商會。1851年3月13日，該所簽訂了全世界最早的玉米遠期合約，后來又簽訂了小麥遠期合約。遠期合約存在一些缺陷，如條款並不統一，雙方每次簽訂合約需就各協議內容談判，合約履行過程中，經常為合約條款發生爭執而引起貿易糾紛，也就是說違約風險極高。

為減少上述缺陷，芝加哥期貨交易所於 1865 年首次推出了標準化的遠期合約，也就是期貨合約，但它並不能消除違約風險。因此，該交易所在同年實行了保證金制度，規定交易雙方按照合約商品總價值繳納 10% 的保證金。1870 年，該交易所對保證金的交付又作了新的規定，除了上述 10% 以外，交易雙方還需要按價格漲跌的數額支付可變保證金。

期貨合約標準化、保證金的規定使得違約風險降低，同時合約具有通用性及易轉讓性，吸引了大量的農場主、加工商、經銷商和投機者進入期貨市場。但伴隨而來的是合約結算難題。在探索和處理結算難題過程中，1883 年芝加哥期貨交易所率先成立了清算協會，也就是今天期貨交易所結算所的雛形。1891 年美國明尼阿波利斯穀物交易所建立了美國第一個完整的結算系統——結算所和結算制度。

結算所和結算制度的出現，解決了期貨交易中結算的難題，也掃除了期貨交易發展的障礙，為市場注入了新的活力。這是因為：首先，結算所作為期貨合約中買方的賣方，以及賣方的買方，保證了合約的履行；其次，建立了每日無負債結算制度，即在當天交易結束時，根據商品價格的波動程度，及時處理當日盈虧，虧損方需追加保證金，減少了期貨市場中的風險；最后，結算所有嚴格的保證金管理制度和監管制度，以保證每張合約能夠履行。1925 年，芝加哥期貨交易所在總結明尼阿波利斯穀物交易所結算制度的基礎上，正式成立了清算公司，也就是結算公司。這一制度在后來被各大交易所採用，它促進了期貨交易的迅速發展。

雖然保證金制度日益得到完善，無負債結算制度為期貨交易提供了有效的保障，但是又產生了新的問題，如期貨市場價格操縱、不正當交易、內外勾結虛假買賣和秘密交易、各交易所各自為政和很少受政府約束及監管等。上述違規行為極大地

損害了正當交易者的利益，取締期貨市場的呼聲漸高，在這種情況下，美國國會和聯邦政府於 1922 年 9 月 21 日通過和實施了該國歷史上第一部期貨交易法律——《穀物期貨交易法》。該部法律規定了期貨管理機構為農業部的穀物期貨部門，主要任務是規範和監督交易所的期貨交易、收集資料、檢查會員的帳冊簿記等。1936 年，《穀物期貨交易法》更名為《商品交易所條例》，並作了較大的修改：加強了聯邦政府對交易所的直接監管，允許政府建立一定量的交易頭寸並可以收集個人交易頭寸信息，擴大了交易所對不正當交易的處罰權力，設立了商品交易所委員會（1947 年更名為商品交易管理局），增強了政府對壟斷價格行為和非市場競爭行為的處罰力度。隨著交易品種的增加和新情況的不斷出現，《商品交易所條例》多次進行了修改和補充。1974 年，《商品期貨交易委員會法》頒布和實施。1975 年 4 月，商品期貨交易委員會正式成立，取代了原商品交易管理局，並擴大了權限。1978 年，國會在對《商品期貨交易委員會法》進行修改的基礎上，重新頒布了《期貨交易法》，並分別在 1982 年、1986 年、1990 年、1992 年、2000 年多次進行修訂。2008 年大規模金融危機后，《美國期貨交易法》擴大了調整的範圍，更強調對交易平臺和交易結算平臺的監管，並要求掉期交易進入結算平臺。總的來說，自第一部期貨交易法律於 1922 年實施以來，期貨市場就被納入法制化管理之中。法制的健全為美國期貨市場的繁榮和成熟提供了良好的發展土壤和環境，使得期貨交易制度、運行機制和組織體制不斷完善。

　　作為期貨市場中的物質載體和運作樞紐的期貨交易所，對期貨市場整體的健康發展起到至關重要的作用。在激烈競爭中保留下來的期貨交易所職能不斷拓展，許多商品期貨價格已成為國際市場的晴雨表，是國際貿易結算價格的依據。概括起來，期貨交易所的職能隨外部環境不斷發展而變化，大致經歷了以

下幾個過程（雖然有些職能之間並沒有嚴格的時間先後之分）：第一，交易所創建初期，最大的任務就是為全體會員提供一個集中的交易場所，規定一個統一的時間，方便會員洽談業務，溝通信息，簽訂遠期合約和買賣商品；第二，在遠期合約的基礎上對原有條款和內容進行修訂，推出標準化的遠期合約，制定統一的交易規則，使該交易規則在期貨交易過程的各個環節和各個方面相互協調和制衡；第三，辦理交易結算和實物交割，充當交易雙方中買方的賣方和賣方的買方，保證合約履行；第四，實行自律管理，對會員之間的糾紛進行調解；第五，收集和傳播市場信息，為廣大會員和交易者進行決策買賣提供科學依據。

二、美國期貨市場運行機制

美國期貨市場經過一百多年的發展和運行，不僅制定了較為完善的法律法規和規章制度，也形成了一套組織結構嚴密、管理科學和規範的運行機制。

1. 法律法規

美國期貨市場的法律除了最基本的《期貨交易法》外，還有與此法相配套的由美國期貨交易委員會根據《期貨交易法》制定的《關於期貨交易法的一般規章》。該規章相當於解釋細則，不僅包含了期貨交易委員會依據《期貨交易法》做出的解釋，也加入了歷年來法院的判例或期貨委員會針對違規者做出的起訴或處罰案例。

除此以外，與《期貨交易法》相配套的還有《聯邦稅法》及其技術解釋。它主要是針對期貨交易行業做出專業性的有關徵收稅賦的規定。上述規定根據市場情況及法律法規的修訂做出調整。美國的法律體系中，許多判例及其理論引用也被描述為法律的組成部分並對以後的相似判例起到模範作用。所以，

《期貨交易法》《關於期貨交易法的一般規章》《聯邦稅法》與上述判例以及《統一商法典》《證券交易法》《公司法》等其他配套法律法規共同組成了期貨的法律規範體系。

2. 監管體系

美國是比較典型的沿著先建期貨市場、后立法的時序運作的國家。其監管經歷了以自律為主的監管模式逐漸到以法律為主的監管模式的轉變。目前實施的是聯邦統一監管的三級監管模式。全國期貨市場最高的權力機構是商品期貨交易委員會，它直接向國會負責，擁有獨立的決策權；其次是由美國期貨行業和市場客戶共同組成的自律機構即全國期貨業協會；除此以外，就是美國的期貨交易所。交易所不僅是市場的提供者和組織者，也是市場的管理者，其管轄效力既有來自法律的規定，也有來自期貨交易委員會的授權，以及來自交易所會員大會約定的效力。

3. 期貨經紀公司的運行

期貨經紀公司直接控制客戶的風險。每一個客戶只能在一家經紀公司開戶。期貨經紀公司建立了大戶報告制度和持倉限額制度，客戶在交易中出現的風險，通常由經紀公司承擔。因此，為了減少自身的風險，期貨經紀公司不僅要求客戶繳納保證金，而且也會對客戶保證金的背景進行瞭解，分析客戶保證金不足時，是否有能力追加。

期貨經紀公司有兩種類型，一種是結算會員，另一種是非結算會員。結算會員一般資金勢力雄厚，經驗豐富，可以通過結算監督客戶的保證金情況，還可替買賣雙方辦理交割，以及對報告進行研究和分析並及時反饋給客戶。非結算會員只能通過結算會員辦理結算。在期貨經紀公司中，經紀人的職責明確，一種只能接受客戶的指令，參與期貨交易，另一種則主要是瞭解客戶的資金來源情況。

4. 期貨交易所的運行

交易所依靠嚴密的管理、健全的組織結構、完善的設備、高效的辦事效率為客戶提供交易場所。它通過以下措施或規則來確保自身安全有效地運行：第一，對沖制度。交易雙方可通過反向對沖或平倉來結束合約，不必用實物交割來履行合約。第二，保證金制度。交易雙方首先把保證金交付給結算會員，結算會員再把保證金交付給交易所。投機客的保證金比例較高，套期保值者的保證金比例較低。第三，價格限幅制度。交易所對每一種期貨合約每天的價格漲跌幅都有規定，一旦價格巨幅波動超出上述範圍，將會停止交易，以減少交易者的損失。第四，逐日盯市制度。每一天的交易結束後，結算所需要對每一個交易者、每一筆交易，都要以當天的結算價格結算，計算出每日盈虧，虧損的需第二天補交保證金，否則將強制平倉。第五，定點交割倉庫的管理。定點交割倉庫主要是在進行實物交割時，對商品的入庫、出庫和儲存進行管理，定點交割倉庫可以進行期貨交易，交易所一般不對其倉儲量進行干涉。

5. 期貨交易管理委員會和期貨業協會的管理

期貨交易管理委員會是全國期貨市場監管的政府部門，主要是制定、規範期貨市場的政策，監督期貨交易的正常運轉。期貨業協會是自律管理的機構，採取會員制，宗旨是保護參與期貨交易者的權益。期貨業協會制定有關全國期貨業協會的功能、章程、規則、依從規章、仲裁規則、會員仲裁規則、財務要求、註冊規則、協會解釋權限等規範。這些規範不僅約束了協會會員的交易行為和協會工作人員的行為，也對解決會員之間的糾紛起了良好的作用。

三、倫敦金屬交易所運行機制

倫敦金屬交易所（又稱 LME）成立於 1877 年，經過近 140

年的發展，已經從地方性的交易所發展為服務於全球金屬行業的交易所，是目前世界上最大的有色金屬交易所。其公開發布的成交價格被廣泛作為世界金屬交易的基準價格，包括紐約、芝加哥、上海和東京的商品交易基本上都要受倫敦金屬交易所的影響。LME從本質上來講是一個遠期現貨交割市場，與標準化的期貨交易所有一些區別，但是其獨特的運行機制和制度設計仍然對中國商品期貨交易所的運作提供了許多有益的借鑑和啟示。

1. 交易方式

LME沒有漲跌幅制度，也沒有持倉限額，其交易方式在發展過程中不斷完善。發展初期，LME主要是通過圈內交易即公開喊價來進行，隨著業務的急遽擴大和交易主體的增加，出現了辦公室交易，2000年之後，隨著全球網路化的發展，又推出了電子交易平臺。

目前，LME的三種交易方式即圈內交易、辦公室間交易、電子交易三種方式並存，每一種方式都有自己的適用範圍。圈內交易又有兩種：一種是對每個品種按照時間順序交易（每次只有5分鐘），它必須通過場內交易的會員進行；另一種是不局限於單個商品，而是開展所有商品混合交易和指數交易的圈內交易。圈內交易官方結算價格報出後，辦公室間交易就開始進行，辦公室間交易主要針對的是亞洲以及美洲的客戶。通過辦公室間電話交易的合約必須配對、清算和結算，可以實現24小時連續不間斷交易。電子交易實質上是經紀公司之間進行網上電子交易的平臺，可以降低交易成本，吸引更多的亞洲客戶參加，從而活躍交易。

2. 結算制度

LME實行的是逐日盯市、到期結算制度，所有品種都採用美元報價，但可以用英鎊、歐元和日元等國際通用貨幣結算。

它在全世界許多地方如歐洲、美國、中東和遠東等地區的港口都設有交割倉庫，實現了金屬商品在全球範圍內的自由流動。LME推出的合約主要有日合約、周合約、月合約三種。日合約指的是3個月之內交易的合約，它每日都可以交割；周合約一般指的是3~6個月進行交易的合約，交割日在每週的星期三；月合約指的是第6個月之後進行交易的合約，交割日為每個月的第三個星期三。交易所對上市的指數合約每日進行結算，但對金屬期貨和期權沒有相應的規定，對沖和平倉需在交割日才能進行。LME的經紀公司對大客戶和信譽良好的經常客戶一般採用授信交易，但對中小客戶要求繳納足額保證金。

3. 經紀商制度

LME的會員分為7種類型，即圈內會員、聯席經紀結算會員、聯席交易結算會員、聯席經紀非結算會員、聯席交易非結算會員、個人會員和榮譽會員。交易所不同層次的會員具有不同的准入門檻，交易權利也會根據等級的不同而不同。其中圈內會員擁有的權利最多，他不僅可以進入圈內進行交易，而且可以進行24小時不間斷的辦公室交易，向客戶報出買賣價，成為客戶的交易對手。上述多層次的會員設置相當於在客戶和交易所之間設置了「多重風險緩衝帶」，有利於提高市場的抗風險能力和促進優勝劣汰，便於行業內有能力的公司做大做強。

4. 交易監管制度

英國金融監管局是英國金融機構的指定監管機構。對期貨市場來說，其職能包括：保護投資者利益，瞭解期貨市場的最新動態，維護市場信心，與期貨公司高官溝通以瞭解其公司發展動態，監管經紀公司的運行。金融監管局的人員構成已國際化。倫敦清算行是風險控制的核心環節，LME的每一筆交易都以倫敦清算行作為對手。交易所內部設有市場監控部，負責動態監管交易品種，動態調整期貨合約交易情況，主要通過分級

會員管理和合約分級結算來控制風險。LME 仲裁委員會負責裁決發生的糾紛，其依據並不是相關的法律法規，而是長期貿易實踐中形成的慣例。會員之間的糾紛在 LME 內部依靠自己的機制就能夠解決。

第二章　商品期貨交割的歷史軌跡

　　商品期貨合約是現代商品期貨交易的標的物。商品期貨交易是隨著經濟的發展，由於商品內在矛盾的不斷展開和外化而逐漸發展起來的，是簽約雙方共同約定在將來某一時刻就某種實物商品按協議內容進行交割的交易。追尋整個商品期貨交易制度的發展過程，可以發現，它其實也是商品實物交割方式演變的過程。

　　1992年10月9日深圳有色金屬交易所推出的第一個標準化合約鋁，實現了遠期合約到期貨合約質的轉變。雖然商品期貨合約從本質上來說是遠期合約，合約內容也需要在規定的將來某一時刻執行，但它是標準化了的遠期合約。這表現在：第一，商品期貨合約對交易標的物數量、品種、交割時期和地點及品級都有非常嚴格的統一規定，換言之，除了價格可以變化外，其他所有條款都是標準化的，而遠期合約中的所有條款交易雙方可以協商。第二，在交易方式上，期貨交易是在集中的交易市場——期貨交易所以公開集中競價方式進行交易的，遠期交易則由交易雙方私下達成或經由櫃臺來完成交易。第三，期貨交易由結算所保證合約履行，因此合約雙方需繳納保證金，保證金的數額隨著商品價格的變化不斷調整；而遠期合約一般不需要繳納保證金，為避免違約發生，只能通過謹慎地選擇對手

來降低風險。第四，期貨合約可以通過反向操作或到期進行交割完成合約義務，遠期合約在到期日則需進行標的物交付來履行合約責任。

商品期貨合約與遠期合約的不同，導致了商品期貨交易方式中交割制度的獨特性。這種獨具特色的交割制度是聯繫現貨市場和期貨市場的紐帶，它的形成基礎是期貨合約的標準化。對於合約中需要交割的商品，必須對標的物進行定義，規定交割物等級標準和可替代物標準，以及升貼水情況，除此以外，交易標的物單位數量、交割期、交割糾紛及其責任歸屬、倉單的流通在合約中都需明確。

交割制度是衡量商品期貨交易是否脫離現貨市場基礎的重要標志，在很大程度上決定著期貨交易的本質。縱觀中國商品期貨交割的歷史軌跡，可以看到，這一制度歷經了坎坷，但已逐漸完善，並對促進期貨市場功能的實現發揮越來越大的作用。

第一節　交割制度不健全，小品種活躍，市場逼倉現象嚴重：1992—1996 年

作為市場經濟的高級形態，中國早期的期貨交割存在的一個重要問題是現貨基礎薄弱。在政府強制性植入期貨交易制度時，中國以美國等成熟市場的經驗做法為標準，認為交割率越低，期貨市場發育程度越高。在試點初期，以上錯誤的觀點導致了我們對交割問題的忽視。交易所和政府機構許多人對交割率諱莫如深，並設置各種條款避免交割，交割制度漏洞多，給投機大戶操縱市場進行逼倉提供了土壤。所以說，在政府積極推進期貨交易制度時，雖然交易費用降低了，但由於制度安排不適應當時的制度環境，制度變遷過程中各不同主體的利益發

生衝突，並且缺乏管理部門和正式法律法規激勵制度建設者。因此，政府希望通過期貨市場轉移價格風險的目標，在試點初期並沒有實現。

一、認識上有誤區

交割始於交易所為多空雙方標準化合約的配對，終於該標準化合約的執行完畢。交割尤其是實物交割作用的重要性隨著人們對期貨市場認識的深入經歷了三種觀點：

1. 零交割觀點

該觀點最先由托馬斯·A. 希隆尼於 1977 年提出。他在所著的《為了商業利益和個人利益》一書中，首次提出了零交割的觀點。他認為，一個運行正常的市場幾乎不進行交割，達成期貨合約並非為了交換所有權，存在大量交割的市場是失敗的，因為大量的交割說明合約數量失衡，這種失衡或對多頭有利或對空頭有利，按照零交割理論設想，實物交割就成為多余的環節。在期貨市場中，由於實物交割率較低，很容易得出實物交割對該市場並沒有較大作用的結論。

2. 限制交割觀點

交割風險發生背後反應了人們對期貨市場本質規律認識的不足，也促使人們對該市場的三類交易者即套期保值者、投機者、期現套利者進行了重新認識，而對交割能防止市場操縱和抑制逼倉的作用也基本上達成了共識。相對於零交割觀點，限制交割觀點主張對交割量加以限制，通過限制交割來增加投機者的人數。因為該觀點認為，投機者可以增加市場的流動性，並承擔套期保值者轉移的價格風險，如果沒有投機者的存在，套期保值者及套利者很難在一個雙方都能接受的理想價格之下達成協議。所以投機者有利於商品銷售和金融工具的交易。

3. 無限制交割觀點

19世紀末20世紀初英國著名經濟學家馬歇爾提出的短期均衡期貨格理論認為，期貨價格的變動必須以現貨市場為基礎，為了使期貨價格能圍繞現貨價格上下波動，就必須有規範的實物交割。這是因為，當期貨價格高於現貨價格過多時，交易者會在現貨市場買進商品並通過期貨市場賣出，反之，則通過期貨市場買進而在現貨市場賣出，交割環節的經濟活動將導致期貨價格與現貨價格趨合。如果沒有實物交割，期貨價格的變動就會脫離現貨市場，期貨市場就成為一個純粹的投機場所。因此對期貨交割不應該加以限制。因為正常情況下，交割量具有經濟調節功能，交割環節的經濟活動將導致期現價格趨合。后來一些著名的經濟學家如凱恩斯、薩繆爾森、希金等有關的期貨理論，雖沒有明確提出無限制交割觀點，但其思想都包含了馬歇爾的理論依據。

國內在相當長的一段時間內，業內各部門未能對交割環節足夠重視，認識上存在很多誤區。誤區之一，有些人認為交割率越低越好，實物交割無足輕重。這種認識源自西方成熟市場國家的交割率（交割量與成交總量的比率）一般不超過5%。由於人們對美國芝加哥期貨交易所的交割量缺乏系統的研究，從而誤認為其交割量少。大品種期貨成交量較大，雖然交割率低，但絕對數量的交割量一般不低。實際上，芝加哥期貨交易所主要農產品期貨小麥、玉米和大豆的交割量遠遠大於人們普遍感覺到的水平。從1964/65作物年度到1986/87作物年度，小麥期貨合約交割的絕對數量平均約為1,500萬蒲式耳，在最高年份達到了1.02億蒲式耳，即使在最低年份也有3萬蒲式耳；玉米平均為2,000萬蒲式耳，最低為3萬蒲式耳，最高為1億蒲式耳；大豆平均為2,400萬蒲式耳，最低為6萬蒲式耳，最高為1.9億蒲式耳。更深入的研究發現，儘管不同月份的交割量及不

同年份的平均交割量變化較大，但交割規模仍在不斷擴大。換言之，在這三個商品市場上，每個市場的交割水平長期趨勢都是上升的。所以人們對交割率的認識要有一個客觀的態度，不能走極端。誤區之二，交割問題只有在交割的最后階段才存在。實際上交割問題貫穿期貨交易的始終，從最開始標準化合約設計有關交割的條款，到交易中間階段的期貨成交數量和是否有逼倉風險，再到實際交割中交割量的大小和交割能否順利進行，所有環節中的因素都會影響到期貨兩大功能的實現和合約的流動性。因此，交割處理成功與否將關係到商品是否活躍。

國內對交割的重要性認識不夠，使得國內學術界對有關的理論研究嚴重不足，如交易與交割的關係、交割倉庫的選擇和地位及升貼水的設計依據和調整方法、交易所與交割倉庫的法律關係、交割率的定義和計算方法及經濟學意義、交割量與市場流動性的關係等問題。這一時期理論界並沒有在理論上對上述問題加以論證，從而無法給期貨界提供有價值的指導。

二、小品種活躍、交割風險頻發

1992年期貨市場起步以來，一些大品種如玉米、籼米曾一度交易活躍。但由於這些產品受到價格及經營管制，在階段性活躍后或者受到監管部門的處罰，或者交易量日趨下降。1993年11月份國務院下發了《國務院關於堅決制止期貨市場盲目發展的通知》，粳米、菜籽油、白糖、鋼材等相繼停止了交易。而國家對小品種的監管則較為松散，這使得一些交易所優先發展和活躍小品種。投資者熱衷於小品種如綠豆、紅小豆、膠合膠、咖啡等的炒作（各品種的成交額見表2-1）。

表 2-1　中國期貨市場商品期貨分品種交易統計

單位：億元

年份	1992年 成交額	1992年 比重(%)	1993年 成交額	1993年 比重(%)	1994年 成交額	1994年 比重(%)	1995年 成交額	1995年 比重(%)	1996年 成交額	1996年 比重(%)
膠合板	—	—	18.15	0.3	2,647.47	6.8	31,094.29	30.7	12,742.3	15.15
綠豆	—	—	189.12	3.08	5,991.94	15.39	27,391.05	27.05	28,529.95	33.9
天然膠	—	—	62.65	1.02	114.67	0.29	7,743.59	7.65	12,767.64	15.18
銅	355.22	71.46	3,635.13	59.29	5,892.8	15.14	6,832.92	6.74	4,020.89	4.78
玉米	—	—	77.49	1.26	1,042.32	2.68	6,650.06	6.57	20.29	0.02
大豆	—	—	260.09	4.24	1,774.64	4.56	2,239.95	2.21	7,420.2	8.82
棕櫚油	—	—	—	—	596.8	1.53	1,967.02	1.94	135.74	0.16
鋁	141.86	28.54	617.25	10.07	2,811.92	7.22	1,350.99	1.33	192.42	0.23
豆粕	—	—	0.7	0.01	45.63	0.12	670.71	0.66	795.2	0.94
咖啡	—	—	—	—	—	—	564.79	0.58	9,180	10.9
啤酒大麥	—	—	—	—	—	—	243.62	0.24	909.09	1.08
小麥	—	—	27.9	0.46	49.71	0.13	176.77	0.17	22.71	0.02
秈米	—	—	29.63	0.48	549.35	1.41	964.15	0.95	895.08	1.06
高粱	—	—	—	—	0.002	—	94.99	0.09	961.91	1.14
其他	—	—	1,213.26	19.79	14,007.2	35.97	13,239.54	13.065	5,518.02	6.56
合計	497.08	100	6,131.37	100	35,524.5	91.24	101,224	99.945	84,111.4	99.94

資料來源：中國證監會，《期貨日報》和中國期貨業協會網站。

小品種交易活躍，部分原因是關係國計民生的大宗商品價格仍然受到嚴格管制。在價格管制的情況下，商品價格波動很小，生產經營該商品的主體並不是真正的市場競爭主體，參與期貨市場的意願自然較低。銅、鋁、大豆是比較早的市場化產品，價格波動程度大，經營者承擔的價格風險高。由於上市時間較早，在當時選擇性較小的情況下，其成交量一度活躍，但是后來在資金大量向綠豆等其他炒作性強的品種聚集時，儘管絕對交易量不低，但所占比重日益降低。雖然國家在1993年提出了「放開價格，放開經營」的方針，但實際上在隨後受到糧食價格大幅上漲的情況下，對糧食等產品又進行了價格管制，粳米期貨停止交易就是一個很明顯的例證。粳米期貨是1993年6月30日由上海糧油商品交易所首次推出的，因具備發達的現貨市場基礎、市場流通量大而一度交易十分活躍，在早期的糧食期貨市場上佔有重要的地位。在通貨膨脹的宏觀經濟背景下，1993年第四季度，受南方大米現貨價格大幅上漲的影響，粳米期貨價格從1,400元/噸上升到1,660元/噸；而1994年春節前后，受國家大幅提高糧食收購價格的影響，期貨價格更是從1,900元/噸漲到2,200元/噸；1994年6月下旬至8月底，在南澇北旱自然災害預期減產的心理作用下，期貨價格更是從2,050元/噸上揚到2,300元/噸。

　　一些省份的糧食公司判斷市場上能滿足交割條件的粳米會嚴重不足，大量建立多頭頭寸，而另一些機構則判斷國家會對糧食價格進行調控以平抑價格，紛紛持有空頭頭寸。到了1994年7月份時，粳米期貨出現多空對峙局面，雙方互不相讓，持倉量急遽放大，隨即，空方被套，上海糧油商品交易所粳米價格穩步上行形成了多逼空格局。1994年7月5日，交易所做出了技術性停市之決定，出抬限制頭寸措施，7月13日又出抬了《關於解決上海糧油商品交易所粳米期貨交易有關問題的措施》，

隨即，多空雙方大幅減倉，價格明顯回落。但進入8月份后，受南北災情較重及上海糧交所對粳米期價最高限價規定較高的影響，多方再度發動攻勢，收復失地后仍強勁上漲，9503合約從最低位上升了100元/噸之多，9月初已達到2,400元/噸左右。1994年9月3日，國家計委等主管部門聯合在京召開會議，布置穩定糧食市場、平抑糧油價格的工作。9月6日，國務院領導在全國加強糧價管理工作會議上，強調抑制通貨膨脹是當前工作重點。10月22日，國務院辦公廳轉發了證券委《關於暫停粳米、菜籽油期貨交易和進一步加強期貨市場管理的請示》。傳言得到證實，粳米交易以9412合約成交5,990手、2,541元/噸價格收盤后歸於沉寂。

由於大品種受到國家管控，交易所為了生存和發展，開發出的品種必須交易活躍，否則它將被擠出市場之外。在國家相繼對一些大的品種如粳米、菜籽油、白糖等相繼做出停市決定之後，具有政治敏銳性的期貨交易所的決策者意識到，優先發展小品種是理性選擇。對投資投機者來說，進入期貨市場的目的是為了獲得利潤，炒作政治風險和法律風險較高的大品種是得不償失的事情，因此他們越來越熱衷於炒作小品種。20世紀90年代初中期，市場上所有的小品種基本上都被他們炒作過。

商品期貨市場是建立在現貨市場基礎上的。由於現貨市場的非標準化和不規範，當來自於現貨市場的商品進入期貨市場進行交割時，兩者必然產生摩擦和碰撞。這主要表現在：標準化合約的標的物，需要從非標準化的現貨商品中採集，容易模糊對標準化合約的界定，農副產品更是如此；非規範化的現貨交易行為，常常會對規範化的期貨交易交割帶來問題和麻煩；註冊倉庫習慣於現貨產品的管理，對期貨交割商品的管理比較陌生，對違規行為，也疏於防範。上述問題的存在，無疑給商品期貨的交割帶來困難。

另外，當交割配對缺乏透明度、其他信息披露不公開，以及限量交割被隨意採用時，一些大戶利用並且放大了交易所管理上的漏洞，將矛盾擴大化，引發期價的劇烈波動。進入交割月或其前一個月時，大戶操縱者一方面用資金造市，另一方面干擾與交割環節有關的現貨市場，使對手不能以現貨市場自救，利用錢比貨多，從而獲取非正常的巨額利潤。該時期發生了歷史上著名的「多逼空」或「空逼多」事件。1995年10月，證監會發布了《關於進一步控制期貨市場風險，嚴厲打擊操縱市場行為的通知》，對市場持倉量進行限制。各合約超過市場持倉總量限制線的新開倉部分，需追加成交金額50%以上的交易保證金。在現貨市場基礎薄弱的情況下，持倉限制不時會成為市場流動性的障礙。進入交割月後，多空雙方都不願意放棄自己的部位，風險集中到交割環節爆發，使得交割月的風險控制十分艱鉅。

三、各交易所交割細則制定不一

1992年和1993年，各地興起創辦期貨交易所的熱潮。在上市品種的選擇上，各交易所主要從兩方面考慮：一是考慮其他交易所火熱的品種或國際市場上已有的成熟品種；二是考慮本地的特色產品。結果是凡是中國出產的商品幾乎都成了期貨品種，其中農產品和金屬產品占絕大部分。經過全國的期貨市場整頓，1995年國家保留了15家試點交易所的35個交易品種，並且同一品種在不同交易所重複上市的情況普遍存在。

雖然上市交易品種較多，但實際上活躍品種並不多。因此交易所為了生存和發展，就必須擁有自己的特色品種。在品種資源有限的情況下，每個交易所要使自己所上市的品種活躍起來，並形成指導價格，同時不受其他交易所的影響，就不得不在合約的設計上做文章，於是就出現了相同的品種不同的合約。

合約的不同主要表現在交割方面的差異，如合約單位的不統一、最后交易日的不一致、交割期的不一致、交割方法的不一致、註冊商品牌號的不同、倉單形成的時間和流通不同、交割等級的不一致等。同品種的倉單並不能在不同交易所之間流通和轉讓。

各交易所在交割方面一般都採用常規性的做法。但常規做法缺乏統一指導性原則和行業技術標準、操作標準，交割章法不統一，專業術語不一致。各交易所各自為政，所制定出的交割規則、結算規則及細則局限性較大，操作的可行性、合理性、原則性因會員參加多家交易所的交割所形成的意願、概念、程序不同而時有衝突和矛盾。如對於入庫通知單，有些交易所叫入庫聯繫單，有的叫入庫通知單。交易所開具通知單時所用的抬頭也各不相同。在具體的交割細則上，有的冗長而不明確，難以操作；有的不盡合理且多變，在交割實施中矛盾不少；有的簡單含糊到了幾乎連相關部門相關人員都說不清，讓交割者自己摸著石頭過河。

上海商品交易所的交割具有典型意義，它在總結原四所兩年多實物交割的基礎上，制定了《上海商品交易所實物交割辦法》《膠合板、天然橡膠、聚氯乙烯交割實施細則》《定點交割倉庫實物交割驗收實施細則》《定點交割倉庫收費標準》等。其除在本地開設定點交割倉庫外，還在異地開設定點倉庫。該交易所交割採用票據交換的形式，在最后交易日的次日，結算中心向買賣雙方發出交割通知書；賣方再把達到交割要求的實物交付定點倉庫后獲得倉單，並在規定時間把倉單和質保書送交結算中心；買方將貨款送交結算中心，由結算中心辦理票據交換手續。

北京商品交易所實行交割貨物出入庫申報制度，即會員單位在向交割倉庫發運貨物之前必須向交易所申報並填寫貨物入

庫申請單，按要求提供相關證明材料。交易所審核后，簽發《入庫通知單》。會員持該聯繫單再去指定倉庫辦理貨物入庫手續。會員無《入庫通知單》而把貨物運至交割倉庫申請倉單註冊時，交易所有權重新安排倉庫。持有交易所註冊倉單的會員辦理貨物出庫，必須向交易所申報並領取《出庫通知單》，憑註冊倉單和《出庫通知單》辦理貨物出庫。另外，該交易所對交割品種的持倉量進行控制，如1995年11月決定膠合板交割月份單邊最大持倉量為5,000手，每個客戶最大實物交割量為200手，合約最后5個交易日內單邊最大持倉量限為6萬手。除此之外，該交易所還實行交割月淨持倉限量制度，規定會員在交割月份的最大淨持倉量不得超過可交割等級現貨供應量的5%。針對套期保值者的需要，該交易所建立了套期保值申報審批制度。會員因套期保值的需要要求放寬交割月淨持倉限量的，必須在交割月前一個月倒數第三個交易日閉市前，將填寫完整的申請表及相關材料送達交易所，經批准后可超限量進行實物交割。北京商品交易所採用「連續滾動交割」（即在交割月第四個交易日至最后交易日都可申請交割，一般有十二個交易日），交割價為開倉成交價，而不是用規定的某交易日的結算價先平倉再交割，由賣方選擇交貨地點，負責質量，買方必須接受實物。

  鄭州商品交易所實行的是以倉單交割為主、差價交割和實物協商交割為輔的交割方式，並自1995年11月1日起實行了倉單計算機管理和倉單通用。鄭州商品交易所規定差價交割由交易所按相對應持倉合約價格進行平倉，未能實現倉單交割的一方，負擔由交易所提供的現貨市場價格與對方所持合約價格的虧損差額，同時需支付倉儲等費用。協商交割包括到期合約協商交割和實物協商交割。該交易所推行連續交割法，對不同的上市品種規定了各品級的標準品以及不同品級的替代品和升貼水。需要交割的會員，繳納的保證金為持倉總值的30%～80%，

並每週公布倉單數量。

大連商品交易所早前採用「貨位倉單一一對應」的專業化倉單方法。因該方法容易引起交割糾紛，該交易所從9409合約開始採用「貨位倉單不對應」的標準化倉單。為防止逼倉，該交易所在交割品級的規定上，根據國家標準和現貨的具體情況，在質量方面適當地降低了升貼水率，在包裝方面允許用舊包裝交割。該交易所實行空方優先選擇權和多次交割制度，即進入交割月后，由交易所公布交割有關日期，並制定了交割限倉措施。為了防止倉庫出具假倉單，交易所規定每個交割庫要劃分交割專區並限定交割量，核定的庫容限制為1萬噸。

深圳有色金屬交易所於1993年4月正式起用標準倉單，使期貨交易的實物交割步入了「一手、一單、一位」的規範化的倉單與貨款的交換。同年年底，該交易所開始實行「標準倉單抵押作為保證金」的辦法。該所設立了交割委員會，負責對實物交割和違約處理方面的各項規定和制度進行監督，並對這些規定和制度提出修改意見，結算部負責交割業務。該交易所對金屬交割品種和交割地點，採用註冊品種和註冊倉庫制度，使實物交割商品質量、交收貨物地點能有保證。賣方在交割品種和地點方面有許多選擇余地，以方便期貨交割投資者。對經過申報審核批准后的套期保值頭寸的實物交割，該交易所提供了除享受不受頭寸限制的待遇外，還在保證金和交易手續費等方面給予優惠。

海南中商期貨交易所設立結算交割委員會，負責監督和瞭解實物交割並提出建議。交割採取實物交割為主、現金交割為輔的方式，1995年6月後該交易所全部採用實物交割。現金交割的做法是通過合理設置採集點，得出合約最後交易日前一段時期的定期公布的現貨基準價，依據每期距最後交易日時間的遠近和每期的市場供求情況來確定每期的權數，再根據每期的

現貨基準價及相應權數加權平均計算出現金交割結算價。該所通過交割總量限制的方法來限制交割量，抑制過度投機。交割限量為1萬噸，在最后交易日結束后，凡超過規定的實物交割總量限額的持倉，交易所將強行平倉，由此造成的損失由會員承擔。最后交易日閉市后，按持倉期長者為先的原則進行實物交割匹配，未被配上的持倉，將會按交易所規定的價格強行平倉。

　　重慶商品交易所設置了交割部，專門負責實物交割管理，建立了以重慶交割地為主，以昆明、成都、西安交割地為輔的實物交割管理機制。交易所交割部負責定點交割倉庫期貨業務的指導，直接對其運作進行管理和考核，在雙方共同履行有關協議的前提下，遵守並充分享有各自的權責利，交割結算由交易所代收代支。該所實物交割一律實行標準倉單管理。標準倉單是由定點倉庫向賣方簽發的實物憑證，一般在標準品級條件下交割實物，但也可在交易所協調下，買賣雙方交收一定的替代品。

　　蘇州商品交易所的交割制度，與其他採用標準倉單的交易所有所區別。該所通過入庫單和出庫單控制會員的出入庫情況；由交易所和註冊倉庫共同把好交割商品的質量關；交割的基本原則是賣方申請入庫與交易所批准相結合，買方申請交割和交易所統一分配相結合；實行異地交割；在交割月增加保證金、編碼管理規定、強制平倉制度、限倉規定等手段控制交割中可能出現的風險。交易所制定了《交割違規違約處理細則》，在處理交割爭議時，堅持由「交易所先代為履約，再追究違約方責任」。交割配對利用計算機撮合。

第二節　交割限量放開，炒作性強的小品種逐步被市場摒棄，大品種的交易日趨活躍：1996—2004 年

交割風險頻發，這種不正常的現象促使人們意識到任何可能的導致交割性扭曲上漲的市場都是不可持續的。當期貨合約有關交割環節的設計存在漏洞時，就有可能被利用和放大，並造成操縱市場、扭曲價格、牟取暴利等過度投機的行為。這促使人們意識到，期貨交易必須堅持幾條原則：期貨價格與現貨價格的基本關係不能改變；實物交割是套期保值的一種方式的觀點不能改變；期貨交易所必須是作為賣方的買方和買方的賣方；制定交易規則、完善合約設計應充分體現發現價格、套期保值功能這一基本出發點。

1996—2003 年，不管是實物交割量占總交易量的比重，還是實物交割額占總交易額的比重，都沒有超過 1%。但是在期貨市場逐漸規範的過程中，交割月出現多空對峙，與交割有關的風險事件仍不斷出現，如 1997 年的咖啡 F703、橡膠 R708 逼倉，2002 年的大豆 S205 巨量實物交割，2003 年的天然橡膠風波和硬麥 WT309 交割危機。這些事件的發生，一方面說明了中國現貨市場基礎薄弱、交易品種過少、期貨風險較高；另一方面也考驗了交易所和監管機構，在採取相應措施如調整保證金、減倉、禁止開新倉、擴充庫容等方式控制風險的過程中，其手段和方式儘管引起了很大的爭議，但也獲得了寶貴的經驗教訓，使得多頭僅僅依靠資金優勢就能夠逼倉獲取巨額收益的行為，在日趨完善的交割制度面前不再靈驗。

一、交割限量放開

　　交割是促使商品現貨價格和期貨價格趨零的制度保證。一個成熟的期貨市場不應當對實物交割總量進行限制，如果對實物交割總量進行人為的限制，即使推出大品種，也有可能發生過度投機，並導致期貨價格嚴重背離現貨市場的供求關係。過大的實物交割量通常是期貨價格嚴重扭曲的結果，這時，大量的現貨要麼被交割倉庫以倉滿為理由拒絕，要麼被交易所以交割限量已滿為由拒絕。而投機者則通過事先搶占倉位和交割額度的方法進行逼倉，使得空頭無法進行交割。事實上，在限量交割下，期貨價格越高，空方交割的意願越強，交易所就越要對交割量進行控制。在這種惡性循環下，期貨市場正常的經濟功能被嚴重削弱。因此，在期貨市場上，不應鼓勵交割，但也不能限制交割。

　　在實物交割的過程中，交割倉庫扮演著相當重要的角色，交割商品的進出、驗收、保管、倉單的生成等一系列行為直接影響著期貨交易的正常進行，很多期貨糾紛案件大量集中在實物交割環節，交割倉庫又經常被列為訴訟主體出現在法庭上。因此，建立健全交易所與交割倉庫的權責關係，加強交易所對交割倉庫的管理，通過與倉庫簽訂協議的方式明確雙方的法律關係，引進競爭機制，實行定期考核制度便十分必要。

　　標誌性事件是1996年9月24日證監會發布的《關於加強期貨交易實物交割環節管理的通知》。它規定：①凡對實物交割實行總量控制的交易所，自無持倉合約月份或新推出的合約月份起一律取消對實物交割進行總量控制的有關規定；②各交易所要與指定交割倉庫簽訂書面協議，明確雙方的權利、義務和法律關係，加強對指定交割倉庫的管理；③各交易所要建立指定交割倉庫年度考核制度，並在本年內按年度考核制度對所有指定交割倉庫進行一次全面考核，對軟硬件不符合條件的倉庫和違反交易所有關

規定、向操縱市場者提供方便的倉庫要取消其指定交割倉庫的資格；④各交易所要根據期貨品種的現貨產銷情況對現有指定交割倉庫的佈局、庫容、質檢等情況作一次論證，對其中不合理和不適合實物交割要求的部分提出整改方案，並盡快進行調整改進。該通知同時要求各交易所在1996年年底前落實上述通知並報告證監會。上述規定是中國證監會首次正式取消對實物交割進行總量控制的文件。

1996年11月25日執行的《關於期貨交易所披露交易、交割有關信息的通知》，要求期貨交易所必須：在每日閉市後，公布當日成交量前20名會員名單及其成交量，公布多空持倉量及前20名會員名單及其持倉量；每週五閉市後，公布各合約註冊倉單數量和已申請交割數量；最后交割日結束后5個交易日內公布交割配對結果和實物交割量。

隨后的相關文件如《關於規範期貨交易保證金管理問題的通知》《關於規範交易所信息披露有關事項的通知》《關於標準倉單沖抵期貨交易保證金問題的補充規定》的頒布，對交易保證金、信息披露等更進一步進行了規範。交割限量的放開及交易和交割制度的逐漸規範，一方面打擊了市場操縱者，加大了市場操縱者逼倉的難度；另一方面促進了套期保值商及現貨商參與和利用期貨市場。市場中行業戶的比例越來越高。

二、統一交割

標志性事件是1998年8月國務院發布的《關於進一步整頓和規範期貨市場的通知》。該通知將原有的14家期貨交易所進行整頓及撤並，最終保留了上海、大連和鄭州3家交易所，12個交易品種，其中農產品8個。這改變了以前相同交易品種不同交易所上市交割形式不同的局面，實現了交割方面的統一。隨著監管體制、規章制度、投資者教育及市場結構調整等方面

的不斷完善，期貨市場逐步步入穩步發展階段。

1. 交割規則更加科學，交割方式更加靈活

交割制度的首要目標是促使期貨價格和現貨價格趨合，其次是降低交割成本和提高倉單串換效率。交易所除健全保證金、漲跌停板、限倉、大戶報告、強行平倉和套期保值申請制度外，為提高市場透明度，還根據現貨市場情況對以下交割規則進行修改：交割標準品和替代品以及質量升貼水、不同地點升貼水、交割違約的認定及其處理。另外，交易所除了完善定點倉庫交割為主的方式外，還積極探索其他的交割方式如期轉現、廠庫交割、車（船）板交割等，如大連商品交易所在 2004 年對豆粕期貨 0407 合約實行廠庫交割，之后通過豆油、棕櫚油進行推廣。

2. 標準化倉單設計更加科學

早在 1993 年 4 月，深圳有色金屬期貨聯合交易所建立了深圳華儲服務公司，正式起用了標準倉單，使期貨交易的實物交割，步入了「一手、一單、一位」的規範化的倉單與貨款的交換，並在該年年底實行了「標準倉單抵押作為保證金」的辦法。該方法推出后，促進了套期保值功能的發揮，發生了多次會員因保證金不足而使用倉單抵押作為保證金的情況。

但是，在中國最終保留三家商品期貨交易所以前，同一品種在不同交易所重複上市，同一家倉庫可能同時成為幾家交易所的定點交割倉庫，有的是同一品種，有的是相關品種。每個交易所在制定合約時，為體現自己特色，在交割品的標準、等級、數量、類別、產期、質量和運輸升貼水、交割流程等方面存在或多或少的區別，使本來就不多的商品資源顯得異常稀少。甚至同一品種在同一倉庫但屬於不同交易所的倉單都不能流通，使得交割效率低下，抑制了套期保值者和跨市套利者的積極性。因此，市場上有關倉單互換和流通的呼聲日漸高漲。這是因為，倉單互換或流通有以下好處：首先，方便客戶，解決多庫存倉

單提貨問題。按照交易所以前的慣例，買方買到的倉單可能分屬於幾家不同的交割倉庫，這樣在辦理提貨及發貨過程中，手續繁多並產生額外費用，倉單通用以后可消除倉單的地域性，提貨人可在同一個交割地提貨。另外，倉單通用也會促進交割倉庫提升服務水平，部分倉庫刁難客戶的情況會有所減少。這是因為，在以前的交割中，不管是入庫還是出庫，都是交易商有求於倉庫，缺乏制衡機制，交易商處於不利的位置。而倉單通用后，可打破倉庫的壟斷地位，轉而靠提升服務質量來取勝。其次，有利於全國市場價格的建立和形成。同一品種因在不同交易所上市，人為造成了市場割裂，如果倉單通用以后，可促進同一品種在各交易所上市合約的統一，提高倉單管理水平，打破行政壟斷和地方保護主義導致的拖延全國統一市場的形成，加大交易所之間的競爭。在優勝劣汰之下，必然有一些交易所退出市場。從而我們治理目前期貨市場上較為混亂的局面，使全國市場價格機制的迅速建立成為可能。最后，使買方選擇交割地成為可能。參照國際慣例和國內規定，在進行實物交割時，通常是賣方有交割選擇權，買方無權，在交割中處於被動地位。在套期保值的操作中，買方很難按自己的意志選擇交割地點。倉單如果能夠通用，則買方可在交易所規定的升貼水基礎上及統一協調下，盡可能按自己意願確定交割地或就近交割，降低了交通運輸費用，也有利於改善套期保值者與投機者的構成，從而減少逼倉的發生。

1998年8月以后，同一品種只能選擇在一家交易所上市。上海期貨交易所和大連商品交易所在學習和總結其他交易所的經驗和基礎之上，特別是在學習鄭州商品交易所於1997年11月1日所推出的倉單計算機管理和倉單通用的基礎之上，並結合自身特點，也先后實現了倉單的無紙化管理。三大交易所標準倉單的表現形式是《標準倉單持有憑證》，交易所也可根據會員的申請打印紙

質憑證，但隨之電子倉單系統中相應的標準倉單將予以凍結。

雖然各不同交易所在具體細則上有所區別，但標準倉單所包括的事項是相同的，主要有貨主名稱、倉儲物的品種和數量及件數、儲存場所、倉儲費、倉儲物，已經辦理保險的，其保險金額、期限及保險人名稱、填發人、填發地和填發日期及標準倉單應當載明的其他內容。經過交易所註冊生效後，除部分品種標準倉單不允許轉讓和充抵外，大部分可用於交割、交易、轉讓、提貨、充抵等。

三、大品種的交易日趨活躍

在國家對商品期貨市場進行治理整頓中，一些炒作性強的小品種逐漸被市場所摒棄，違法違規現象減少。但市場成交持續低迷，2000年市場成交金額創下階段性底部16,076億元後，該年年底期貨業整體開始復甦，2001年市場總體明顯回暖，成交金額相比前一年上升了近一倍。

1999年，綠豆品種交易保證金提高及部分合約被強行平倉後，綠豆期貨交易有名無實。繼綠豆、膠合板漸漸被市場拋棄後，雲集於小品種上的炒作資金逐步轉移到銅、大豆上，另外小麥、豆粕的交易量增加迅速。

1997—2003年的7年間，不管是從成交量還是成交金額來看，各品種所占比重發生了很大變化（見表2-2、表2-3、圖2-1、圖2-2）。大連上市的大豆雖然在很長一段時間交易活躍，在國家「扶大限小」政策下，交易量上升迅速。但由於豆粕和天然膠特別是2003年成交活躍，其所占比重有所下降。作為關係國計民生的大品種小麥，從2000年開始成交量占比都在12%以上。金屬品中的大宗商品銅儘管所占比重基本保持不變，但成交金額及成交量穩步上升，小品種如啤酒大麥、花生仁雖在1998年中保留了下來，但實際上已退出交易。

表 2-2　中國期貨市場商品期貨分品種交易統計

單位：億元

年份	1997年 成交額	1997年 比重(%)	1998年 成交額	1998年 比重(%)	1999年 成交額	1999年 比重(%)	2000年 成交額	2000年 比重(%)	2001年 成交額	2001年 比重(%)	2002年 成交額	2002年 比重(%)	2003年 成交額	2003年 比重(%)
膠合板	815.21	1.34	39.58	0.11	—	—	—	—	—	—	—	—	—	—
綠豆	24,842.79	40.75	20,711.4	58.22	10,918	48.87	41.05	0.26	0	0	0	0	—	—
天然膠	7,777.04	12.76	964.4	2.71	281.41	1.26	895.82	5.57	52.9	0.18	4,017.83	10.17	35,705.06	—
銅	3,749.77	6.48	5,780.85	16.25	4,249.1	19.02	5,037.2	31.33	6,511.2	21.6	9,190.30	23.27	21,622.29	—
玉米	3.84	0.01	0.41	—	—	—	—	—	—	—	—	—	—	—
大豆	10,497.67	17.22	6,754.58	18.99	6,421.7	28.74	9,596.5	47.25	19,122	63.4	19,258.5	48.76	33,322.35	—
棕櫚油	19.83	0.03	—	—	—	—	—	—	—	—	—	—	—	—
鋁	2,081.42	3.41	487.23	1.37	384.75	1.72	731.81	4.55	1,994.6	6.61	3,193.27	8.09	3,212.56	—
豆粕	1,486.92	2.44	—	—	—	—	213.1	1.33	638.82	2.12	1,577.76	4	6,573.64	—
咖啡	4,092.6	6.17	—	—	—	—	—	—	—	—	—	—	—	—
小麥	132.96	0.22	786.24	2.21	87.27	0.39	1,560.6	9.71	1,835.1	6.09	2,252.46	5.7	7,953.12	—
秈米	—	—	16.78	0.05	5.02	—	—	—	—	—	—	—	—	—
高粱	418.67	0.69	—	—	—	—	—	—	—	—	—	—	—	—
其他	1,491.65	2.4	33.12	0.09	—	—	—	—	—	—	—	—	—	—
合計	60,968.1	100	36,800	100	22,341	100	16,076	100	30,154	100	39,490	100	108,389.03	—

資料來源：中國證監會、《期貨日報》和中國期貨業協會網站。

表 2-3　中國期貨市場商品期貨分品種交易

單位：手

年份 品種	1999年 成交量	比重(%)	2000年 成交量	比重(%)	2001年 成交量	比重(%)	2002年 成交量	比重(%)	2003年 成交量	比重(%)
綠豆	36,279,400	48.9	120,868	0.22	606	0	32	0	24	0
天然膠	1,202,500	1.62	2,000,454	3.66	146,430	0.12	8,041,974	5.77	53,515,928	19.12
銅	5,119,500	6.9	5,347,338	9.79	8,177,796	6.8	11,592,600	8.31	22,332,576	7.98
大豆	30,343,600	40.9	33,817,870	61.9	90,779,362	75.4	88,006,540	63.12	120,040,190	42.89
鋁	512,700	0.69	910,094	1.67	2,896,500	2.4	4,711,592	3.38	4,310,996	1.54
豆粕	—	—	1,159,894	2.12	3,823,936	3.17	8,808,268	6.32	29,906,796	10.69
小麥	692,400	0.93	11,276,730	20.64	14,639,028	12.2	18,271,626	13.1	49,757,712	17.78
秈米	41,700	0.06	—	—	—	—	—	—	—	—
合計	74,191,800	100	54,633,248	100	120,463,658	100	139,432,632	100	279,864,222	100

資料來源：中國證監會、《期貨日報》和中國期貨業協會網站。

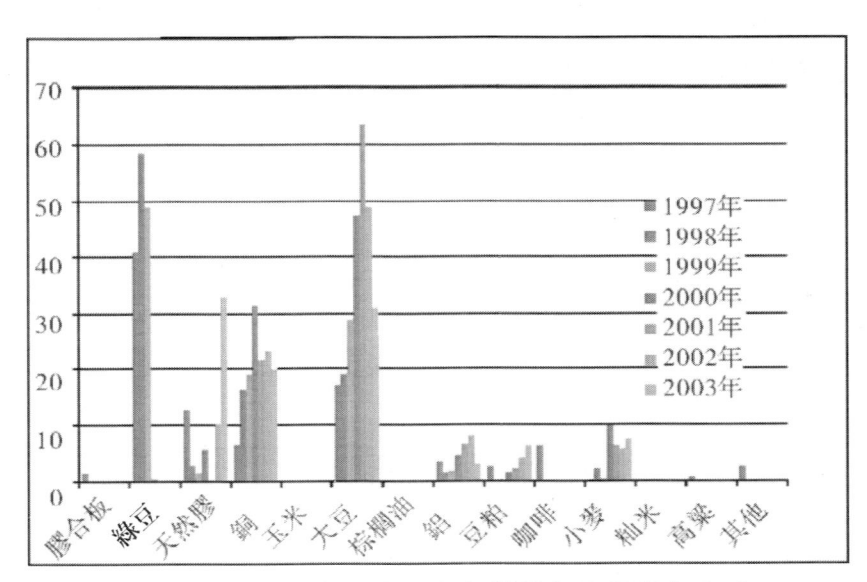

圖 2-1　1997—2003 年按成交金額統計各品種所占比重（%）

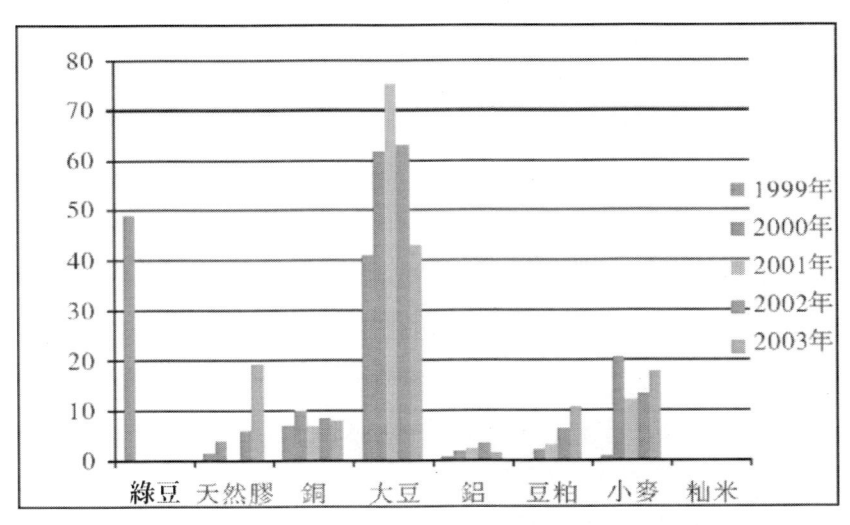

圖 2-2　1999—2003 年按成交量統計各品種所占比重（%）

第三節　期貨新品種相繼推出，交割制度逐漸完善，期貨市場功能初步發揮：2004年至今

2004年發布的「國九條」，首次把期貨市場正式納入整個資本市場，明確提出「穩步發展期貨市場」。該意見發布之後，期貨市場步入規範發展的新階段，交割方式更加靈活和多樣化。

一、期貨新品種的開發取得了突破性進展，品種體系逐漸完善

隨著中國加入世界貿易組織，企業對各種原材料的需求進一步增加，很多重要的原材料和初級產品的進口量快速上升，企業面對的競爭環境也更為複雜。但是，由於缺乏活躍的期貨市場和相關的期貨品種，中國大宗商品國際定價權嚴重缺失。因此，開發和推出更多適應經濟發展的品種以促進期貨市場的發展，降低廠商面對的價格風險，成為交易所和相關政府決策者面對的重要事件。

縱觀國際期貨品種發展的歷史演變過程，可以看到其主要經歷了以下幾個階段：第一個階段是以農產品為主的階段，在該階段，具有代表性的期貨品種主要是各種糧食品種，如美國CBOT的小麥、大豆和玉米；第二個階段是以工業原材料和能源期貨品種為主的階段，這一階段具有代表性的期貨品種主要有金屬、天然橡膠、原油等；第三個階段則是以金融期貨為主的階段，該階段的品種主要包括以股票指數、利率、貨幣為標的資產的金融期貨或期權，當然還有場外市場交易如互換等。

1998年保留下來的12個品種中，農業品占了10個，有色金屬品種有2個。隨著政府對發展期貨市場的政策調整，監管

部門和市場主體開始探索及恢復交易品種。2004 年 1 月國務院《關於推進資本市場改革開放和穩定發展的若干意見》發布，使得前期妨礙新品種上市的阻力迅速減少，上市交易品種步伐加快。從表 2-4 可以看出，近幾年特別是 2012 年以來，國內期貨品種不斷出新，基本上形成了涵蓋農產品、工業品、能源、貴金屬的產品體系。

表 2-4　　　　　　　中國上市期貨品種一覽表

品種	代碼	上市時間	品種	代碼	上市時間
銅	CU	1991 年	雞蛋	JD	2013 年 11 月 8 日
鋁	AL	1991 年	膠合板	BB	2013 年 12 月 6 日
鋅	ZN	2007 年 3 月 26 日	纖維板	FB	2013 年 12 月 6 日
天然橡膠	RU	1991 年	聚丙烯	PP	2014 年 2 月 28 日
燃料油	FU	2004 年 8 月 25 日	焦煤	JM	2013 年 3 月 22 日
黃金	AU	2008 年 1 月 9 日	鐵礦石	I	2013 年 10 月 18 日
螺紋鋼	RB	2009 年 3 月 27 日	玉米澱粉	CS	2014 年 12 月 19 日
線材	WR	2009 年 3 月 27 日	白糖	SR	2006 年 1 月 6 日
鉛	PB	2011 年 3 月 24 日	棉花一號	CF	2004 年 6 月 1 日
白銀	AG	2012 年 5 月 10 日	強麥	WH	1998 年 11 月 27 日（2003 年 3 月 28 日恢復上市）
熱軋卷板	HC	2014 年 3 月 21 日	普麥	PM	1998 年 11 月 27 日
瀝青	BU	2013 年 10 月 9 日	粳稻	JR	2013 年 11 月 8 日
鎳	NI	2015 年 3 月 27 日	菜籽油	RO	2007 年 6 月 8 日
錫	SN	2015 年 3 月 27 日	早秈稻	ER	2009 年 4 月 20 日
黃大豆一號	A	1993 年 2 月 28 日	甲醇	ME	2011 年 10 月 28 日
黃大豆二號	B	2004 年 12 月 22 日	玻璃	FG	2012 年 12 月 3 日
豆粕	M	2000 年 7 月 17 日	油菜籽	RS	2012 年 12 月 28 日
豆油	Y	2006 年 1 月 9 日	菜籽粕	RM	2012 年 12 月 28 日

表2-4(續)

品種	代碼	上市時間	品種	代碼	上市時間
玉米	C	2004年9月22日	動力煤	TC	2013年9月26日
線形低密度聚乙烯（LLDPE）	L	2007年7月31日	精對苯二甲（PTA）	TA	2006年12月18日
棕櫚油	P	2007年10月29日	晚秈稻	LR	2014年7月8日
聚氯乙烯	V	2009年5月25日	硅鐵	SF	2014年8月8日
焦炭	J	2011年4月15日	錳硅	SM	2014年8月8日

（一）已形成了覆蓋糧、棉、油、糖的農產品期貨品種體系

2004年，棉花成為保留三大交易所以來上市的第一個期貨品種。2013年11月雞蛋期貨品種在大連正式掛牌交易，2014年7月晚秈稻成功推出。至此，中國一共擁有21個農產品期貨品種，基本形成了覆蓋糧、棉、油、糖的品種體系。

雞蛋是國內消費最多的蛋類，是人類重要的營養來源之一。據估算，國內每年該產品的產量在2,400萬噸以上，市場規模近2,000億元。同時中國雞蛋現貨行業存在一些問題，如行業集中度低、比較分散、企業抗風險能力差。作為中國首個畜牧類鮮活農產品，雞蛋與玉米、大豆、豆粕作為飼料期貨產業鏈，其上市的重要意義不僅在於開闢了中國農產品期貨的新領域，為其他畜牧類產品上市總結經驗和教訓，也對完善飼料、養殖行業避險體系，促進蛋雞養殖行業健康發展有重要意義。

稻穀類是南方的主要糧食品種，全國大約有2/3的人口以它為主食，其產量約占主糧總產量的37%，種植面積約占主糧總播種面積的34%，說它是關乎國計民生的大品種一點也不為過。在價格放開之後，現貨生產、收購、儲存、銷售和加工及流通領域面對的風險日益加大，隨著早秈稻、粳稻、晚秈稻的先後上市，中國稻穀期貨交易產業鏈逐步形成。

大豆是國內重要的糧油兼用作物，富含蛋白質和脂肪，是營養平衡的食物資源。隨著國內經濟的快速發展及人民生活水平的提高，大豆的消費量日益增加。伴隨而來的是國內對進口大豆的依存度驟增，大豆進口量屢創新高，對國內大豆尤其是黑龍江大豆衝擊明顯。大豆產業鏈長，涉及種植業、養殖業、飼料業、加工業、食品工業等，在國民經濟中具有極其重要的地位。大連商品期貨交易所圍繞大豆上下產業鏈，積極開發與大豆有關的新品種。1993年上市的黃大豆一號在2002年恢復上市交易。隨著進口轉基因大豆對國內影響的加深，2004年大連商品交易所推出了轉基因大豆即黃大豆二號，並在豆粕交易量持續活躍的情況下，又於2006年推出了豆油，從而形成了大豆比較完善的期貨品種體系。

　　油菜是中國傳統的油料作物，其籽粒也是中國制浸油脂原料的主要品種之一。油菜的種植遍及全國各地，中國產量在全球位居第二，僅次於加拿大。油菜籽在國內的主要用途是用來榨油。鄭州商品交易所在2007年推出了菜籽油，有利於種植商和榨油相關的產業鏈。但是油菜籽的另一重要加工物菜籽粕則是飼料業的主要消費品，是水產飼料的主要品種，僅僅一個菜籽油期貨品種很難滿足上下產業鏈的需要。鄭州商品交易所2012年成功推出油菜籽和菜籽粕兩個品種后，油菜籽也形成了比較完善的品種體系。

（二）鋼鐵期貨品種體系漸完善

　　中國的鋼鐵總產量位居世界第一，鋼鐵生產所用的一種主要原材料鐵礦石，其產地主要位於澳大利亞和巴西。鋼鐵業在中國是一個高污染、高耗能的行業，上遊的原材料鐵礦石雖然在近幾年中價格下跌較快，但仍然較高。在下遊的鋼產品價格持續低迷的情況下，鋼廠基本上全行業虧損。同時隨著鐵礦石已經在相當大程度上被金融化，鋼廠也希望在下遊產品中能找

到類似的工具。在中國，熱軋卷板一般大中型鋼廠生產得較多，螺紋鋼和線材中小型鋼廠生產得較多。早在 2009 年螺紋鋼和線材就已經上市，2014 年熱軋卷板的推出，囊括了鋼鐵行業一半以上產品產量的螺紋鋼、線材、熱軋卷板都有了期貨品種。另外，2013 年先后上市的焦煤、動力煤、鐵礦石，使得鋼鐵從原料到產成品之間形成了較為完善的期貨品種體系，也有利於鋼鐵行業減少價格風險。

（三）化工期貨品種體系已逐漸建成

聚丙烯是全球第二大通用合成樹脂，產業的上遊以中石油、中石化為主，以中海油、民營、合資企業及煤化工企業為輔。但下遊則非常分散，基本上屬於完全競爭行業，缺乏定價權。2014 年聚丙烯上市，加上早期掛牌交易的精對苯二甲酸、聚乙烯、聚氯乙烯等品種，化工品種達到 4 個，品種體系也進一步豐富和完善。

在國際油價持續低迷、化工產品價格下跌的過程中，化工企業和貿易商的生存便成為首要目的，而相關期貨品種的上市為他們提供了可以減少價格下跌風險的選擇工具。與此同時，交易所也根據市場環境的變化修訂交割規則並制定配套管理辦法。如在 2015 年 3 月，大連商品交易所對聚氯乙烯實施品牌制度，並公布首批包括 1 家免檢品牌在內的 11 家註冊品牌，以期更好地服務於企業。

二、交割制度逐漸完善，市場透明度提高

期貨交割制度有廣義和狹義之分。廣義的交割制度包括與交割有關的任何規範和管理措施，可以說，期貨市場管理的一切法律、法規、交易所章程和規則都與交割有關聯。而狹義的交割制度是指期貨交易所規範不同交易品種的交割，對倉單註冊及註銷管理、品種交割流程、交割品標準及升貼水、交割費

用等進行規定的制度規範。具體的交割制度將在下一章專門進行論述。該節主要探討與交割有關的期貨交易制度。

(一) 保證金制度

保證金制度也稱押金制度,是期貨市場中極為重要的一項制度,是期貨市場賴以生存和發展的保證。它包括基礎保證金、交易保證金、交割保證金和風險準備金。

基礎保證金是會員為取得會員資格和結算資格,必須向交易所繳納的一筆金額。大連商品交易所和上海期貨交易所規定每個會員取得會員資格的出資認繳金額為50萬元,同時還可獲得一個場內交易席位。鄭州商品交易所規定繳納認繳金額40萬元,就可以取得會員資格和一個場內交易席位。一般來說,當會員出現違約造成損失,交易保證金不足以彌補時,交易所有權從基礎保證金中扣除不足金額。

交易保證金是會員在交易所專用結算帳戶中確保合約履行的資金,是已被合約占用的保證金。交易所通常按成交金額的5%~20%收取,可根據成交和市場情況調整保證金比率。會員也可用標準倉單或交易所規定的其他質押物充抵。除此之外,會員為了交易結算還需在交易所專用結算帳戶中預先準備一筆資金,該筆資金是未被合約占用的保證金,其最低額由交易所決定。

投資者在期貨公司開立帳戶交易時,需按照成交金額的一定比例繳納保證金。投資者繳納的保證金存放於會員專用資金帳戶上,以備隨時交付保證金及有關費用。經紀會員不得挪用投資者資金。

交割保證金本質上是交易保證金的延伸,但卻獨立於交易保證金。雖然中國三大商品期貨交易所的具體交割細則有所差異,但本質上是相同的。如大連商品交易所規定提貨單交割在配對日閉市後,買持倉的交易保證金轉為交割預付款,賣持倉

的交易保證金轉為交割保證金。通知日后的第3個自然日（第3個自然日不是交易日的，順延至下一個交易日）閉市前，買方的交割預付款和賣方的交割保證金應按配對合約價值的20%補足。閉市后，交易所從相應會員的結算準備金中劃轉保證金。當交割完成后，保證金可退回給賣方。

　　風險準備金是期貨交易所從自己收取的會員交易手續費中提取的一定比例的資金，作為確保交易所擔保履約的備付金制度，主要為期貨市場正常運轉提供財務擔保和彌補因交易所不可預見風險帶來的虧損，從性質上來講，仍然屬於「保證金」的範疇。不過它不是會員履行合約的保證金，而是交易所應付市場風險的保證金。交易所之所以提取風險準備金，是因為交易者從下單成交到平倉，或到實物交割結束，中間通常有一個時間間隔，在這段時間裡，如果市場發生意外事件或不可抗力因素導致價格急遽變化，在基礎保證金、交易保證金、交割保證金等無法保證履約的情況下，交易所可動用風險準備金進行擔保或賠償。風險準備金要求單獨核算，專戶存儲，除用於彌補風險損失外，不得挪作他用，一般按向會員收取的手續費收入的20%比例，從管理費用中提取，當達到註冊資本的10倍時，可不再提取。

　　除了保證金制度保證交易履約外，在每天交易日結束后，交易所需對每一會員的盈虧、交易保證金、稅金、交易手續費等款項進行結算，實行每日無負債結算。期貨公司則應詳細記載交易業務，按日序時登記投資者買賣合約的開倉、平倉、持倉、交割情況，及時準確地反應投資者盈虧、費用以及資金、收付等財務狀況，控制投資者的交易風險。

　　（二）價格漲跌停板制度

　　為了防止期貨市場價格出現巨幅波動，抑制投機者操縱價格漲跌，《期貨交易管理條例》要求期貨交易所應當按照國家有

關規定，制定各上市期貨合約的每日最大價格波動幅度，實行價格漲跌停板制度。

　　三大交易所實行的價格漲跌停板制度大同小異，所以我們將以大連商品交易所為例來進行分析。該所在《大連商品交易所風險管理辦法》中規定：交易所實行價格漲跌停板制度，由交易所制定各期貨合約的每日最大價格波動幅度，並可根據市場情況調整各合約漲跌停板幅度。交割月份以前月份漲跌停板幅度為上一交易日結算價的4%，交割月份則為上一交易日結算價的6%。新上市合約的漲跌停板幅度為合約規定漲跌停板幅度的兩倍，如合約有成交則於下一交易日恢復到合約規定的漲跌停板幅度；如合約無成交，則下一交易日繼續執行前一交易日的漲跌停板幅度。當某期貨合約以漲跌停板價格申報時，成交撮合原則實行平倉優先和時間優先的原則。如果上市的商品期貨合約在某一交易日（該交易日記為第N個交易日）出現漲跌停板單邊無連續報價的情況，則從當日結算日起，該合約的交易保證金按合約價值的8%收取，下一個交易日該合約的漲跌停板幅度為6%。若第N+1個交易日出現與第N個交易日同方向漲跌停板單邊無連續報價的情況，則從第N+1個交易日結算時起，該合約的交易保證金按合約價值的10%收取，第N+2個交易日該合約的漲跌停板幅度為8%。根據品種的特點不同，當第N+2個交易日出現與第N+1個交易日同方向漲跌停板單邊無連續報價的情況下，大連商品交易所採取了不同的規定。對焦炭、焦煤、鐵礦石、雞蛋、纖維板、膠合板、聚丙烯、玉米澱粉等合約以外品種在N+2個交易日收市后，交易所將進行強制減倉。焦炭、焦煤、鐵礦石、雞蛋、纖維板、膠合板、聚丙烯、玉米澱粉等品種，若第N+2個交易日是該合約的最后交易日，則該合約直接進入交割；若第N+3個交易日是該合約的最后交易日，則第N+3個交易日該合約按第N+2個交易日的漲跌停板和保證

金水平繼續交易。除上述兩種情況外，交易所可在第 N+2 個交易日根據市場情況決定並公告，對該合約實施下列兩種措施中的任意一種：第一種措施為第 N+3 個交易日，交易所採取單邊或雙邊、同比例或不同比例、部分會員或全部會員提高交易保證金，暫停部分會員或全部會員開新倉，調整漲跌停板幅度，限制出金，限期平倉，強行平倉等措施中的一種或多種化解市場風險；第二種措施為第 N+2 個交易日收市后強制減倉。如果某期貨合約在某交易日未出現與上一交易日同方向漲跌停板單邊無連續報價的情況，下一交易日該合約的漲跌停板幅度恢復到正常水平。

漲跌停板制度是一項重要的抑制期貨投機過度的保障性制度，可以有效地減緩和抑制突發事件對期貨價格的衝擊。漲跌停板制度與保證金制度相結合，是保障期貨市場運行和穩定期貨市場秩序的重要保證，也是國際期貨市場上通行的防止價格暴漲暴跌的強制性措施。

(三) 限倉制度和大戶報告制度

為了有效地控制過度投機和操縱市場，交易所實行了交易頭寸限額制度，以及當會員或者客戶的某品種持倉合約投機頭寸達到交易所規定的投機頭寸持倉限額的某一比例或者交易所要求報告的，會員或客戶應當向交易所報告其資金情況、頭寸情況的大戶報告制度。儘管各交易所在限額的規定上和大戶報告的具體細則上有些差異，但在其制度的規定上保持著大同小異的格局。因此，下面將選擇上海期貨交易所為例來進行分析。

限倉是指交易所規定的會員或者客戶對某一合約單邊持倉的最大數量。套期保值客戶在提交相關證明材料經交易所批准後，可不受頭寸限制。上海期貨交易所限倉實行的基本制度有：根據不同期貨品種的具體情況，分別確定每一品種每一月份合約的限倉數額；某一月份合約在其交易過程中的不同階段，分

别適用不同的限倉數額，對進入交割月份的合約限倉數額從嚴控制；採用限制會員持倉和限制客戶持倉相結合的辦法，控制市場風險。當同一客戶在不同期貨公司會員處開有多個交易編碼時，各交易編碼上所有持倉頭寸的合計數，不得超出一個客戶的限倉數額。該所規定在交割月前第一月的最后一個交易日收盤前，各會員、各客戶在每個會員處的投機持倉數應當調整到規定數量的整倍數（遇市場特殊情況無法按期調整的，可以順延一天），進入交割月后，投機持倉也應當是規定的整倍數，新開、平倉也應當是該數量的整倍數。對於不同品種，上述數量不同，其中，銅、鋁、鋅、鉛期貨合約投機持倉為5手的整倍數，鎳期貨合約為6手的整倍數，螺紋鋼、線材、熱軋卷板期貨合約為30手的整倍數，黃金期貨合約為3手的整倍數，錫、白銀期貨合約為2手的整倍數。並且交易所對不同品種期貨合約掛牌以來至交割月前第二月和交割月的限倉比例和持倉限額也分別進行了規定。另外，交易所可以根據期貨公司會員的淨資產和經營情況調整其持倉限額，該限額每年核定一次。

上海期貨交易所規定當投機頭寸達到持倉限額的80%或以上時，會員或客戶應當主動於下一交易日15：00前向交易所報告，如需再次報告或補充報告，交易所將通知有關會員。其中會員提交的材料包括：填寫完整的《期貨公司會員大戶報告表》、資金來源說明、其持倉量前五名客戶的名稱、交易編碼、持倉量、開戶資料及當日結算單據、交易所要求提供的其他材料。非期貨公司會員提供的材料有：填寫完整的《非期貨公司會員大戶報告表》、資金來源說明、資金來源說明。客戶提供的材料有：填寫完整的《客戶大戶報告表》、資金來源說明、開戶材料及當日結算單據、交易所要求提供的其他材料。

一般來說，交易所對限倉的規定包括以下幾項內容：一是對套期保值實行審批制，二是規定每個品種最大的持倉數，三

是越臨近交割月，持倉限額越低，四是對期貨公司會員、非期貨公司會員、客戶規定的限倉數不同。限倉制度及大戶報告制度的規定和實施，可達到抑制期貨投機過熱和操縱市場行為的目的。

除此以外，通過計算機撮合系統的公開競價制度，當會員、客戶違規時，交易所對其有關持倉實行的強行平倉制度等，使得投機大戶操縱市場的難度大幅增加。在規範的制度面前，期貨市場價格發現和避險的功能日益增加。

第四節　商品期貨歷史上的惡性逼倉事件及其思考

一、順勢逼倉典型——粳米事件

1. 事件起因與經過

上海糧油商品交易所於1993年6月30日首次正式推出粳米期貨，因其具備發達的現貨市場基礎，市場流通量大而一度表現十分活躍，在早期的糧食期貨市場中佔有重要的地位。粳米從推出至1994年10月底被暫停交易，中間出現過三次明顯上漲：第一次，1993年第四季度，在南方大米現貨價大幅上漲的帶動下，粳米期貨從1,400元/噸上升至1,660元/噸；第二次，1994年春節前後，受國家大幅提高糧食收購價格的影響，期價從1,900元/噸漲到2,200元/噸；第三次，1994年6月下旬至8月底，在南澇北旱自然災害預期減產的心理作用下，期貨價格從2,050元/噸上揚到2,300元/噸。

粳米事件發生於1994年7月至10月。7月初，上海糧油商品交易所粳米期貨交易出現多空對峙局面。空方認為：國家正

在進行宏觀調控，加強對糧食的管理，平抑糧價政策的出抬將導致米價下跌。多方則認為：進入夏季以來，國內糧食主產區出現旱澇災害，將會出現糧食短缺局面，而且當時上海粳米現貨價已達 2,000 元/噸，與期貨價非常接近。雙方互不相讓，持倉量急遽放大。隨即，空方被套，上海糧油商品交易所粳米價格穩步上行形成了多逼空格局。

7 月 5 日，交易所做出技術性停市決定，並出抬限制頭寸措施。7 月 13 日，上海糧油商品交易所出抬了《關於解決上海糧油商品交易所粳米期貨交易有關問題的措施》，主要內容包括：召開會員大會，要求多空雙方在 7 月 14 日前將現有持倉量各減少 1/3；上述會員減少持倉後，不得再增加該部位持倉量；對新客戶暫不允許做粳米期貨交易；12 月粳米貼水由 15% 降至 11%；交易所要加強內部管理等。隨即，多空雙方大幅減倉，粳米期貨價格明顯回落，9412 合約和 9503 合約分別從 2,250 元/噸、2,280 元/噸跌至最低的 2,180 元/噸和 2,208 元/噸。

進入 8 月，受南北災情較重及上海糧交所對粳米期價最高限價規定較高的影響，多方再度發動攻勢，收復失地后仍強勁上漲，9503 合約從最低位上升了 100 元/噸之多，9 月初已達到 2,400 元/噸左右。

9 月 3 日，國家計委等主管部門聯合在京召開會議，布置穩定糧食市場、平抑糧油價格的工作。

9 月 6 日，國務院領導在全國加強糧價管理工作會議上，強調抑制通貨膨脹是當前工作重點。受政策面的影響，上海粳米期價應聲回落，價格連續四天跌至停板，成交出現最低紀錄。

9 月 13 日上午開盤前，上海糧油商品交易所發布公告，規定粳米合約漲跌停板額縮小至 10 元，並取消最高限價。受此利多刺激，在隨後幾個交易日中粳米期價連續以 10 元漲停板之升幅上衝。這時，市場上傳言政府將暫停粳米期貨交易。於是，

該品種持倉量逐日減少，交投日趨清淡，但價格攀升依舊。

到10月22日，國務院辦公廳轉發了證券委《關於暫停粳米、菜籽油期貨交易和進一步加強期貨市場管理的請示》。傳言得到證實，粳米交易以9412合約成交5,990手、2,541元/噸價格收盤后歸於沉寂，最后退出歷史舞臺。

2. 事件的總結及思考

粳米期貨逼倉表面上看有基本面支持如災情加重帶來減產的預期，但這種觀點在當時並沒得到認同。人們看到的是一種不切實際的預期上漲心理，這種心理既助漲了期貨價也助漲了現貨價。為了抑制這種心理漫延保持糧價在宏觀調控下的穩定，有關方面採取關停措施。但是從整個事件的全過程來看，我們可以發現：

（1）粳米事件的發生並非品種存在問題。粳米作為關係國計民生的大宗農產品，價格的變化是由市場供求關係決定的。但是當價格上升過快時，國家出於穩定價格的考慮通常會採取措施進行調控。事實上該事件發生后，國家加大了對整個期貨市場的治理整頓力度。這對一些糧油交易所的有關品種影響很大，糧食期貨市場在相當長一段時間內出現萎縮。

（2）交易所的制度欠連續性、公正性及科學性，對市場的正常運行產生了不利影響。在粳米期貨價格快速上漲之際，交易所採取了要求多空雙方減倉、新客戶不得做粳米期貨交易、降低貼水等措施，而當價格下跌時，又取消最高限價和縮小漲跌停板額度等措施，助推了價格的暴漲和暴跌，也不利於期貨市場功能的正常發揮。

（3）期貨市場運作不太規範。從交易所方面看，其不規範表現有：對已有的規則制度不能嚴格執行，對那些違反規定又不接受處罰、煽動鬧事者不能及時處理，在市場出現風險時發布的系列文件和採取的措施又難以體現公正性和科學性。從經

紀公司方面看，其不規範表現有：片面追求開發客戶數量和交易額，交易過程中不能將自營和代理分開，一些經紀公司中的大戶聯手造市，操縱市場，從中牟利。從客戶方面來看，其不規範表現有：對期貨市場缺乏足夠瞭解，進行粳米期貨交易時盲目跟進，出現虧損時不能及時採取應對措施，在自身利益受到侵犯時，遷怒於交易所。這一切都說明當時的投資者很不成熟。

二、紅小豆期貨事件

1. 事件起因與經過

紅小豆是一種具有高蛋白、低脂肪、多營養的小雜糧，世界種植面積比較小。中國是世界上紅小豆種植面積最大、產量最大的國家，年產量一般為 30 萬~40 萬噸，相當一部分出口到日本、韓國和東南亞各國。中國優質紅小豆中主要有朱砂紅小豆（又叫天津紅小豆）、唐山紅、寶清紅、大紅袍等 10 種，其中朱砂紅小豆被東京穀物交易所列為紅小豆期貨合約標的物唯一替代的交割物，年產量約 6 萬噸。國內先後有北京、上海、大連、長春、海南等 8 家交易所推出紅小豆期貨交易。

由於天津及其附近地區所產紅小豆在出口中的特殊地位，再加上東京穀物交易所紅小豆期貨的成功作用，1994 年 9 月天津聯合期貨交易所推出天津紅期貨品種，交易標的物為可在東京穀物交易所替代交割的天津紅小豆。寶清紅和唐山紅優質紅小豆可貼水交割。1994 年 11 月該交易所又規定普通紅小豆亦可貼水交割。

逼倉事件發生於 507 合約上。天津紅上市后不久現貨市場低迷，所以期貨價格也一路下跌。在價格下跌到 3,800 元/噸附近時，多頭策劃一輪逼倉行情，一方面在現貨市場上大量收購現貨，另一方面在期貨上低位大量買入，逐步抬高期貨價格。

在遊資的加入下，1995年5月中旬507合約成交量、持倉量明顯放大，6月初多頭主力開始發力強拉價格，出現兩個漲停板，價格漲至5,151元/噸，隨即交易所在6日、7日、8日連續發文提高保證金以抑制過度投機。但仍然難於控制局面，9日市場多頭主力拉高期價至5,000元和4,980元，最后只有通過終端停機和停市方式要求雙方平倉來解決問題。

「歷史總是會重演」，這句話對中國期貨市場來說仿佛是法老的魔咒。就在天津紅期貨風險事件還沒有完全消退時，又發生了蘇州紅小豆風險事件。

蘇州商品交易所於1995年6月1日正式推出紅小豆期貨合約的交易，其交易標的物為二等紅小豆，並且規定1994年產紅小豆只能在1995年度交割，1996年度交割的必須是1995年產的紅小豆，也就是當年度交割的只能是上一年的產品。

由於紅小豆現貨市場低迷，蘇州紅1995系列合約一上市就面臨巨大實盤壓力，倉庫庫存一直持續增加，致使期價連創新低，9511曾創下1,640元/噸的低價。期價的偏低和1995年紅小豆減產等利多消息促使很多資金入市抄底。隨著1996年諸合約的陸續上市，多頭主力利用交易所交割條款的缺陷和持倉頭寸的限制，利用利多消息的支持，蓄意在1996年系列合約上逼空。9602合約期價於10月中旬以3,380元/噸啓動后至11月9日價格漲至4,155元/噸的高位，隨後回落整理，進入12月再入暴漲階段。12月15日，蘇州商品交易所通知嚴禁陳豆、新豆摻雜交割，19日公布庫存只有5,450噸。多頭借機瘋狂炒作，在近一個月的時間裡價格從3,690元/噸漲至5,325元/噸。空頭主力損失慘重，同時拉爆了很多套期者。

1996年1月8日，中國證監會認為蘇州紅小豆合約和交易規則不完善，要求各持倉合約頭寸減倉和不得開出9608以後的遠期合約。1月9日、10日，蘇州紅開盤不久即告跌停，又使

在高位建倉的多頭頭寸面臨爆倉和巨大虧損的風險。之后，蘇州商品交易所推出一系列強制平倉的措施，期價大幅回調。1996年3月8日證監會發布通知停止蘇州商品交易所紅小豆期貨合約交易。

蘇州紅小豆事件發生后，原來囤積在蘇州商品交易所交割倉庫的紅小豆源源不斷地湧入天津市場。天津聯合期貨交易所為防範風險，規定最大交割量為6萬噸。多頭遂集中資金優勢，統一調配，通過分倉以對敲、移倉、超量持倉等手段操縱市場，使得1996年各合約呈連續的多逼空態勢，最終釀成了9609事件，再次對交易所的風險監管敲響了警鐘。以後，天津聯合期貨交易所總結經驗及教訓，參照了有色金屬品種所實行的方法，推行了紅小豆註冊品牌登記制度。

2. 事件的總結及思考

（1）規範設計好紅小豆交割標準品的指標，並確定好交割替代品的標準。通過當時市場情況可以發現，蘇州紅的交易標的物為二等紅小豆，且當年交割時只能使用上一年所產的紅小豆，因此標準偏低。在交割倉庫庫容有限的情況下，1995年年底，舊豆不出庫，新豆無法註冊入庫，導致1996年度能夠交割的新豆註冊倉單只有幾千噸。多頭利用這一漏洞選擇不進行平倉，使得1995年12月到1996年1月初，未平倉合約達到60萬噸左右，期貨價格一路走高，從3,700元/噸飆升至5,500元/噸，迫使證監會採取措施。而天津紅小豆期貨合約的交易標的物為符合日本東京穀物交易所替代要求的優質的天津紅小豆，因此標準過高。由於天津紅年產量也才6萬噸左右，其價格很難反應整個市場的紅小豆的供需關係，特別是普通紅小豆的供求關係。

另外，交易所在交割品的規定上變動過於頻繁。如天津聯合交易所最初規定11月份以後的合約以當年生產的天津紅為報

價標的物，上一年度生產的紅小豆11月份以后交割實行貼水；后來又規定隔年的不能交割，唐山紅、寶清紅和大袍紅可貼水交割。1995年11月16日，交易所推出普通紅可替代交割方法，允許一、二、三等普通紅分別以16%、20%、25%貼水進行交割。1996年5月15日交易所又規定，允許上一年度產紅小豆延期交割至下一年度3月份。1996年6月27日交易所又規定，從該年11月份起，1996年度產普通紅小豆只有一等品可以交割，貼水率由16%調整為20%。回顧紅小豆期貨交易，可以發現每一次放開交割範圍，容易形成較大的實盤壓力，交割倉庫的庫存迅速增加以至無法入庫，導致期貨價格下跌；而每一次限制交割措施出抬，則成為期貨價格迅速上升、多逼空的重要籌碼。

（2）交易所應完善交易制度設計。紅小豆是小品種，天津紅507合約的逼倉屬於典型的主力多頭一方面控制現貨，另一方面在期貨市場上建倉大量買入，通過操縱市場進行逼倉，獲取暴利。這固然與天津紅是小品種有關。其實多次發生的逼倉除了與紅小豆是小品種有關外，與交易所合約設計的不科學、跟現貨市場存在脫節也有關係。同時，交易規則的朝令夕改，令套期保值者很難通過期貨市場來轉移價格風險，加劇了過度投機。

三、廣東聯合期貨交易所的豆粕期貨事件

1. 事件起因與經過

豆粕是大豆經過提取豆油后得到的一種副產品，是製作牲畜與家禽飼料的主要原料，並被廣泛地應用於水產養殖業中，還可以用於製作糕點食品、健康食品以及化妝品原料。中國是豆粕的生產大國，東北、華東和山東都是中國豆粕的重要生產基地，其產量占全國的80%以上。

1993年11月18日，豆粕期貨首次在大連商品交易所正式

上市交易。1995年8月21日，廣東聯合期貨交易所豆粕合約正式掛牌交易。1996年12月，蘇州商品交易所推出豆粕。從交易情況來看，廣東聯合期貨交易所豆粕運行時間最長，交易也最為活躍，在三年的運行時間裡，先後發生了三次逼倉行情。

（1）9601合約的強行逼倉

廣東聯合期貨交易所豆粕合約推出的時機較好，時值國家暫停國債、糖及石油等期貨品種的交易，大量遊資正在尋找新的投向。豆粕合約一經推出就受到這些資金的關注。該所最初運行的是9511合約，價格由最初的2,100元/噸漲到摘牌時的3,100元/噸，漲幅高達50%，從一定程度上刺激了主力機構的多頭思維。9601合約正是在這樣一種環境中走上逼倉之路的。

1995年10月下旬至11月初，9601合約上一輪逼倉行情開始醞釀，主力開始在2,350~2,450元/噸的區域內吸收籌碼。隨著成交的日益活躍以及持倉量的不斷擴大，跟風做多者十分踴躍，價格很快爬上2,700元/噸臺階。在期價繼續被拉升並超過現貨價500元/噸時，巨大的基差讓很大一部分賣方套期保值者垂涎三尺，紛紛入市抛售，多頭則在此用不到半個月時間吸足籌碼，12月中旬便開始發力上攻，期貨價格直逼3,600元/噸。在多頭浩大的攻勢面前，主力空頭開始潰退，期貨價格創下了1996年1月12日3,689元/噸的歷史高位。隨后，9601合約逐步減倉回落，最后交易日以3,028元/噸價位結束了其使命，最終以多頭接下10萬噸實盤而告終。

9601逼倉使大量現貨進入交割，對廣東聯合期貨交易所豆粕期貨產生了不利影響，9603合約和9605合約的交易極為清淡。為了不讓庫存影響后續合約活躍，廣東聯合期貨交易所一方面採取措施促使豆粕庫存向現貨渠道消化，另一方面修改交割標準和公布新的倉單規定等利多政策。其中關於入庫申請和倉容的規定引起了某些機構的關注並被它們所利用，最終導致

了9607合約和9608合約逼倉行情發生。

(2) 9607合約的投機取巧

1996年5月底至6月初，主力機構開始在9607合約上建倉。隨著成交量及持倉量的同步放大，9607合約很快成為龍頭合約浮出水面，此時價位在3,100~3,200元/噸橫盤。由於當時廣東聯合期貨交易所交割貼水及費用較高，以當時的價格水平，套保賣方極少有人願意入市。因此，當時參與交易的幾乎全為投機商。此時的主力機構一時難以找到實力相當的對手，只好借助雙向開倉交易方式在3,100元/噸左右築成底部，並於6月14日開始發力，短短三天時間便將期價拉至3,350元/噸左右。此時套保空頭觀念略有改變，認為在此價格水平入市拋售應該有較可觀的利潤，於是紛紛入市做賣空套保。多頭主力機構為引誘更多空頭入市，亦順勢打壓。隨著頂部形態的形成，一時間投機做空氣氛濃厚。多頭主力機構在3,200~3,250元/噸將空倉利潤鎖定之后，於進入交割月的前三天再次發動攻勢，一舉將期價推到3,600元/噸之上。待空頭恍然醒悟為時已晚，大部分空頭因資金不足而被逼忍痛「斷臂」，部分有實力的空頭開始尋找現貨，準備組織現貨入庫。無奈交割倉位已被多頭事先占滿，空頭只好排隊斬倉，價位飆漲至4,000元/噸以上。

此時交易所為控制風險，出面協調，但多頭不願意協議平倉，並在最后交易日創下4,465元/噸的天價。最終空頭能夠交割的實盤僅3萬噸。多頭利用倉容在9607合約上的投機取巧極大地挫傷了廣大交易商特別是套期保值者入市的積極性。絕大部分套保交易商開始撤離廣東聯合期貨交易所，導致其后續合約的交易一日不如一日。交易所不得不利用推出新合約之際重新修改部分交割規則特別是有關倉容的規定。

(3) 9708合約的強行平倉

1997年春節過后，9708合約創下2,646元/噸的歷史新低。

由於當時基本面有利於多頭,部分主力機構見此價格明顯偏低,便入市做多,沒費什麼勁兒就將期價推上3,200元/噸,隨後利用對敲盤牢牢控制大盤走勢。當期價重上3,400元/噸之後,再次激起了現貨商早已減退的興趣。經過周密的計劃之後,部分現貨賣期保值開始試探性拋售,期價漲勢頓止。

經過近兩個月的盤整,9708合約技術走勢形成一個典型的圓頂。此時空頭加大拋售力度,多頭有點力不從心,期價滑落至3,050元/噸附近方才止穩,后又反彈到3,200元/噸,其間又有不少空頭加入,持倉量相應增加到4萬手以上。多空再度相持了一月有余,隨著交割月的臨近,空頭平倉意願不強,使多頭無法抽身。無可奈何,多頭決定鋌而走險,強行逼倉。

7月28日,主力多頭通過對敲手法封住漲停3,322元/噸,第二天再封漲停3,383元/噸。多頭利用靈活多變的手法,逼使投機空頭及部分準備不足的套保賣盤斬倉出逃,價格一路上揚,最高探至3,845元/噸。但那些有實力的套保空頭不為所動。

8月4日,持倉仍有近2萬手。多頭原本就沒有打算接實盤,面對空頭的沉著與冷靜,多頭主力急了,意欲強行拉爆空頭,然后抽資離場。面對此風險,交易所8月5日收市後斷然採取措施,強行把9708合約在3,255元/噸的價位平倉90%,使9708合約度過危機。

2. 事件的總結及思考

(1)市場上理性的投資理念根本沒有形成,投機氣氛過於濃厚。廣東聯合期貨交易所上市的豆粕,三年時間發生了三次逼倉,這種多次發生於同一個品種和同一個交易所的風險事件,在當時的市場中並不少見。沒有市場成交量,交易所就可能生存艱難,因此一些交易所為活躍品種而縱容逼倉的行為普遍存在。也就是說,期貨是以逼倉方式運作的,沒有逼倉就沒有交易量,就沒有價格波動,一句話,沒有逼倉就沒有行情,這在

當時是一種普遍觀點。這種觀點直接影響到交易所採取的政策措施。另外，在9607合約中，在進入交割月前三天，當期價被多頭拉至3,600元/噸之上，空頭斬倉、套期保值空頭因庫容被多頭擠佔而不得不平倉，期價進一步狂升之際，十幾萬噸的庫存，卻只有3萬噸進行了交割，顯示了交易所監管能力不足及交割人為受阻對市場的影響。

（2）重視實物交割這一環節，完善交割制度。豆粕的質量標準都是化學指標，彈性較大。交易所如果對交割標準規定過於寬鬆，則會造成過多現貨進入期貨市場，增加註冊倉庫壓力；而一旦質量要求過高，則會造成能滿足交割條件的產品過少而引發過度投機，最終以逼倉形式結束。同時，交易所的政策應保持適當的連續性，在修改交割標準和改變庫容規定或限量交割時，應科學研究和反覆論證，本著公平公正的原則，把握好均勢的「度」，以免產生漏洞造成對市場某一方有利，被該方所利用，從而引發風險事件。

第三章　商品期貨品種選擇及交割制度分析

自20世紀90年代初中國期貨市場建立以來，許多商品都嘗試過期貨交易，這些商品既包括一些關係國計民生的大宗產品，也包括一些產量小、質量差異大的小品種，但是真正持續活躍的並不多。有些品種在國外交易活躍，也能發揮出期貨市場的功能，但一旦引進中國，則屢次發生逼倉，造成交割風險頻發。在中國這樣一個市場經濟相對不完善的國家，總結二十幾年來期貨市場發展的特點及規律，我們仍然可以發現，儘管中國的國情有一些不同，但在品種的開發上，適宜做商品期貨的產品與國外相比，仍然具有一些基本相同的要求。

商品期貨交割的主要實現方式是實物交割，它能在一定程度上防止市場的操縱行為，抑制逼倉，承擔遠期現貨的作用，是實現套期保值的方式。合理的交割制度對提高市場的流動性有重要意義。但交割制度要真正起到部分商品流通功能的作用，則必須有一些基本的前提條件，其中最為重要的就是對期貨合約本身的要求，尤其是期貨品種的選擇。那些交易量小的產品因資金需要量少，極易成為投機大戶的炒作對象，所以期貨市場的價格發現和套期保值功能很難在小品種上實現。退一步來說，即使小品種能實現期貨市場的基本功能，但由於它在國民經濟中所處的地位不高，其影響也很小。所以，只有選擇那些

流通量大，在國民經濟中處於重要地位的品種上市后，實物交割制度才有可能實現期貨市場價格發現和轉移價格風險的功能，並成為商品流通的渠道。

第一節　商品期貨品種選擇的標準與條件

期貨品種的開發和創新對促進期貨市場功能的發揮能起積極作用，但並不是任何商品都可開發為期貨品種。在現貨市場上，任何商品都可以進行交易，只要買賣雙方同意，交易即可達成。而期貨市場上，當交易所想推出新的品種時，標的資產的選擇便成為交易所面臨的首要問題，因為期貨市場上交易的商品通常需滿足一定的條件。

在商品交易從低級向高級發展的歷史過程中，最初的交易形式是以物易物，主要目的是實現單個商品的價值，商品的本質需求較為簡單。當遠期交易直至期貨交易出現以後，商品本質需求便逐漸變得複雜，標準化程度則成為眾多本質需求中最重要的需求。因此，在確定期貨品種時，商品「便於標準化」成為最基本的要求。除此以外，我們在總結國內上市交易且相對活躍的品種時，還可以發現以下特點：

一、品種所屬的自然屬性

（一）商品易於儲藏和便於運輸

商品期貨履約的方式主要有兩種：對沖平倉和實物交割。對於投機客來說，一般會選擇反向操作來結束合約。對套期保值者來說，部分會選擇反向操作，部分會選擇實物交割的方式。套期保值者進行選擇，除了根據生產經營計劃來決定外，還會根據現貨市場商品價格和期貨市場的商品價格來做出判斷。如

果期貨價格減去持有成本（持有成本通常包括倉儲費、利息費、運輸費、保險、稅收、出入庫費等）大於現貨價格，交易商會傾向於在現貨市場購買商品，並在期貨市場上賣出，促使期貨價格向現貨價格趨合。反之，當現貨市場緊俏，商品價格偏高，並大於期貨價格減去持有成本時，交易者會傾向於在期貨市場購買商品，並在現貨市場銷售，從而減少對現貨的需求，這樣有利於現貨價格下跌。實現這種功能的前提就是商品必須有足夠的儲藏日期，這中間，商品不能發生變質或其他質量問題。這是因為商品不管是從現貨市場進入期貨市場還是從期貨市場進入現貨市場，都要有一定的時間間隔。倉庫保管費用和運輸費用占據持有成本的絕大部分。如果現貨易於儲存，將大大減少相應的費用，降低現貨市場和期貨市場之間的門檻。

期貨交易是針對未來某一交割月份的期貨合約的買賣，交易雙方從期貨合約成交到最終履約交貨，中間要經過一段時間，短則一個月有餘，長則達到一年甚至更長。儘管中國的實物交割率不管是按照全年總實物交割量除以全年總成交量，還是按照全年總實物交割金額除以全年總成交額，一般都在2%以下，但是從絕對數量上來看，數量並不低。商品從採購、運輸、質檢、入庫、出庫、再一次運輸等都需要經歷較長的時間，一些時候，從期貨市場購買的商品又會在下一個交割月再次進行交割。因此，只有容易儲藏和保存並便於運輸的商品才適合開發這種期貨品種。

隨著科學技術的進步及保鮮技術的發展，一些新的、按以前的標準不適宜作期貨品種的商品也進入了期貨交易品之列，如中國的雞蛋期貨、美國曾經推出的活牛期貨，並且部分專家也在論證中國是否要推出生豬期貨等。但總的來說，對於絕大部分產品來說，尤其是季節性強的農產品，除了市場需求量大之外，還是需要滿足易於分級、便於儲藏、方便運輸的基本

要求。

(二) 產品的質量、等級和規格易於劃分

期貨合約是高度標準化的合約，除了價格可以變化以外，其他所有條款都是固定的。交割標準品的規定，應當以現貨市場為基礎，選擇占該類商品絕大部分比重的標準品規格，從制度上保證合適的供應量，促進充分競爭。如果交割標準品規定過於嚴格或完全脫離現貨市場，因滿足交割條件的商品過少，在交割月，多頭很容易一邊在現貨市場購進商品控制可交割量，一邊在期貨市場拉抬價格，利用錢比貨多逼倉。如果交割標準品規定過於寬鬆，會增加定點倉庫庫存壓力，削弱期貨市場對現貨市場的示範、引導作用。

同一種商品不管是在質量上，還是在等級上，都會存在很大的差別，進而在價格上表現出差異。但是在期貨合約中，必須為標的物設置一個標準，只有符合這一標準的現貨商品才屬於期貨合約標的範疇。也就是說，在質量上期貨商品必須具備相同的品質特徵，其用途、功能甚至感觀在本質上應是單一的，對於那些個性強、具有獨特特徵的商品是不能用來進行期貨交易的。為保證現貨市場上的商品能夠在一定程度上滿足交割需要量，還必須有適當的滿足條件的替代品。這樣做，一方面在合約到期時便於交割，提高交割效率，減少交割糾紛，降低交割成本，另一方面可以讓期貨價格更好地與現貨市場的價格趨合。

通過分析可以發現國內和國外持續交易活躍的品種，對標的資產的產品質量及其等級都做了嚴格的規定，並且許多期貨產品的標準直接沿用現貨市場的等級標準。因此要求在劃分產品等級時，指標要清晰和簡單。總的來說，由於中國農產品集約化程度不高，標準彈性較大，質量不穩定，更容易發生質量糾紛，而金屬品是經交易所註冊的商品，質量由廠商來負責，

質量穩定性較好，檢測也更科學，所以標準相對來說容易確定，質量糾紛也較少。

（三）生產時間或空間上相對集中，消費上則相對分散

作為期貨品種的商品需要在價格上保持一定的波動性，且波動程度頻繁，才能吸引套期保值者和投機者進入市場交易。如果商品的生產和消費在時間上和空間上處於同一個維度，且比較集中，則價格很容易確定，波動程度很小，自然交易者就不會積極參與。

縱觀商品期貨的發展歷史，可以看到，最初成為期貨品種的，幾乎全部都是農產品。這是因為，農產品的生產時間具有季節性，且極易受自然條件影響；但消費上的時間則較為分散，基本上是全年均勻消費，而且價格波動程度大。

在時間緯度上，農產品的供給價格和需求價格彈性在不同的時間是變化的。在供給上，大部分農產品是一年固定在某一段時間收穫，在收穫的季節，產品大量上市。但受天氣狀況等因素的作用，在不同的年份，收成很難確定，且產量變化較大。即使在上市前，供給量也與當時的天氣、產品的價格、人們的預期等因素有關，所以供給價格彈性也是變化的。在需求上，農產品收穫以後，銷售是在一年四季裡完成的。在整個銷售季節，儘管供給的量是一定的，但需求卻受到經濟、可替代產品的價格、自身產品價格等因素影響。因此，需求價格彈性在不同時間也會有所變化，並不是一條直線。

在空間上，由於消費者分佈在不同的區域，空間上的分散導致產品從生產地運輸到消費地需要時間，而正是時間導致了供需的不確定性，這種不確定性會加劇價格的波動。另外，不同消費地的消費特點及習俗不同，會形成不同的需求，有的直接滿足消費需要，有的作為原材料進入生產領域，因此，不同的需求也會引起價格的波動。如棉花，生產地主要集中在新疆、

山東、河南等地，但消費地則遍布全中國甚至全世界；它既可以直接使用，也可以作為原材料在紡織工業繼續加工，產品價格波動極大。

二、現貨市場發展情況

(一) 價格波動較大

19世紀40年代，是美國自由主義經濟的起步階段，農產品的生產、流通極不穩定，價格波動頻繁。而由於鐵路和船運的普及，美國西部的糧食大量流向工業大都市芝加哥。隨著糧食貿易商囤積的糧食越來越多，他們要承受的價格風險越來越大。在這種情況下，為了轉移價格風險，1848年，82位商人發起成立了芝加哥期貨交易所，目的是把價格風險轉移給那些願意承擔風險的投機者。所以說，套期保值需求催生了現代期貨業。

在現代化的大生產中，由於生產週期及生產連續性的相互影響，企業在現階段就必須對未來的生產做出安排。身處產品價格波動頻繁的行業，由於產品未來價格不確定，企業很難按照最大化的生產能力來組織生產，因為它要防止產品價格未來大幅下跌或原材料大幅上漲所造成的損失。而期貨市場則可以為企業生產經營者提供迴避和轉移未來價格變動的風險。通過套期保值，企業可以把未來的價格鎖定好，有利於制定最優生產決策並安排生產。因此，產品價格變動越大，企業參與套期保值的意願越強，所創造的連續穩定生產所帶來的收益也越多。

期貨標的資產的生產週期、價格波動程度、現貨市場規模和產業結構都會影響套期保值者的參與成本，決定其風險溢價。如果企業面對的未來不確定性越大，它所獲得的風險溢價水平越高，這時，它參與的積極性就高，入場交易的動機也就越強，從而帶動市場的交易規模上升。

而參與期貨交易的投機者通過成為產業交易者的對手，承

擔產業用戶不願承擔的風險。因此在交易過程中，企業必須把從連續穩定生產中所獲得的收益拿出一部分，作為投機者承擔套期保值者所轉移風險的溢價和報酬，以吸引投機者參與市場。按照風險與收益對等的原則，當市場的價格波動越大，企業所願意支付的溢價越高，投機者在承擔巨大價格風險時，所獲得的收益也就越多，在交易增多的情況下，市場流動性會增加，反過來又會刺激套期保值者和投機者的參與，進一步帶動期貨交易的活躍。

從目前世界上運作比較成功的商品期貨品種來看，農產品由於生產季節性強，而且除受天氣的影響外，還受動植物疾病等因素影響，價格波動大。金屬和能源等大宗商品，則受世界經濟發展狀況、突發事件、國際匯率水平和供給需求等因素影響較大，同樣價格波動幅度較大，所以長期活躍在期貨市場。

（二）有大量的供給和需求

按照經濟學的分類，市場主要有四種類型：完全競爭市場、壟斷競爭市場、寡頭壟斷市場、完全壟斷市場。在完全壟斷市場中，該產品只有一個供給者並有眾多的需求者，壟斷廠商排斥其他競爭對手，企業就是行業。因此，完全壟斷企業就是價格的制定者，其他企業很難進入這個市場。而期貨交易的一項基本功能就是具有價格導向作用，也就是說，市場通過期貨交易能夠形成權威性的價格，指導各類生產經營者的生產經營活動。而要發揮這樣一個作用，就必須有一個集中交易、公平競爭、價格透明、程序規範的市場。因此，完全壟斷市場的產品根本就沒有進行期貨交易的可能。

在寡頭壟斷市場中，該種產品只有少數幾個廠商，每個廠商在市場中都具有舉足輕重的地位，對其產品價格具有相當的影響力，每一家廠商既不是價格的制定者，也不是價格的接受者，其他廠商進入相當困難，既有廠商相互依存、休戚相關。

這樣的市場雖然具有一定的競爭性，但是幾個大的廠商之間容易串謀，協議定價，如此可以達到它們利益的最大化。而一些中小廠商，則只能被迫接受它們制定的市場價格。在該種情形之下，期貨市場仍然沒有存在的基礎。

在期貨市場上市交易的產品，一般要求供給需求量大，而且供求關係不穩定，商品的價格波動應該主要由市場的供求關係決定。這是因為，要實現期貨交易兩大基本功能即價格發現和轉移風險，大量的競爭者在一個公開透明及程序規範的市場中進行競爭。所以進入期貨市場上交易的產品應該擁有眾多的買方和賣方的產品，他們集中在一起通過公開、公平、公正和透明的交易機制產生真實的價格信號。如果參與者很少或市場的供給和需求的某一端被壟斷，就會破壞市場的公平競爭，並造成價格扭曲。這不但不能達到轉移價格風險的目的，反過來還會引起新的更大的價格風險。

完全競爭市場是買賣人數眾多，買者和賣者都是價格的接受者，資源可以完全自由流動，競爭充分而不受任何阻礙和干擾的一種市場，從理論上來說適宜做期貨品種。但是在現實中，情形卻並非如此。這是因為在完全競爭市場中，生產者眾多，每個企業的規模有限，資金實力相對有限。但期貨市場是保證金交易，具有槓桿性，風險高，價格波動大，需要有強大的資金實力做後盾，並要求參與交易的企業具備一定的信息收集和處理能力，進行專業化投資。而小型生產企業既沒有強大的資金實力，也缺乏專業的期貨交易人員，很難達到理想的套期保值效果。因此許多小型企業偏向於選擇不參加期貨交易來分散價格風險。比如，中國的農產品期貨市場，儘管已經建立有二十幾年了，上市的品種也較齊全，但由於農民是分散化經營，無法進行規模化經營，所以真正參與的農戶很少。

壟斷競爭市場是一種介於完全競爭和寡頭壟斷之間的市場

組織形式，在這種市場中，既存在著激烈的競爭，又具有壟斷的因素。因此，壟斷競爭的市場結構比較適宜開展期貨交易。這是因為，在該市場上有眾多的經濟體，實力相差不是很大，因為人數眾多，所以很難相互串通協定價格，並且每一家企業都具備一定的經濟實力，擁有一定的規模，當產品價格變化不利於自己時，自然而然希望有一種工具能夠減少價格不利對它的影響。因此，它們有強烈的參與套期保值的需要，也具備作為獨立主體參與期貨市場交易的能力。例如，在美國的農產品市場，因為實現了規模化和產業化經營，大的農場生產經營規模巨大，其產量往往能占到該國總產量的很大一部分，中小農場則組成農業協會或合作組織形式，在生產和銷售中組織成一個主體出現，比較接近於壟斷競爭市場。所以，在美國的農產品市場中，正是由於生產者的大量參與，帶來了該國農產品期貨的活躍。

三、相關產業結構

能成為期貨交易品種的產品，一般是農產品或初級礦產品，或者是工業原材料和初級能源產品。這主要是因為它們相對容易標準化，方便期貨合約的設計，並且擁有相對成熟的現貨市場和重要用途且需求量巨大，從而衍生出了龐大的產業鏈條。

（一）具備較長的產業鏈

產業鏈是產業環逐級累加的有機統一體，某一鏈環的累加是對上一環節追加的勞動力投入、資金投入、技術投入以獲取附加價值的過程。產業鏈長，意味著與該商品相關的產業鏈上有眾多的生產者、貿易商和消費者，附加的產業比較多，也比較完善。

以棉花為例，它是一種非常重要的農作物，整個產業鏈包括棉花種植、棉花採購、軋花廠加工、貿易流通、棉紡廠、其

他下遊（如紡紗、織布、染整、服裝、消費）等，產業鏈長。在相關的產業鏈上，包括農業和工業，既有棉農、貿易商，也有生產商，他們都有參與套期保值的需要，是參與期貨交易的潛在市場主體。從2004年棉花在中國上市以後的交易情況來看，其交易一直處於活躍狀態。

（二）相關產業縱向一體化程度較低

在生產結構方面，採用上下遊一體化生產模式的企業，將外部市場的活動內部化，能夠確保企業在產品供應緊缺時得到充足的供應，或者在總需求很低時也有一個暢通的產品輸出渠道。也就是說，縱向一體化程度很高的企業能減少上下遊企業隨意中止交易的不確定性，同時能夠削弱供應商或顧客的價格談判能力。因此，縱向一體化很高的企業即使不採用套期保值方式，也有能力通過價格決定或財務管理等方式來降低或對沖生產經營中所面對的風險，或通過在管理層控制的範圍內提供一系列額外價值，維護平衡的連續生產環境，從而降低通過期貨交易實現套期保值的意願，進而造成期貨品種提供的風險溢價不足。因此，成功的期貨品種必須是由非壟斷的、上下遊分離的企業生產的產品。以鋁市場為例，鋁錠的生產是由鋁土礦開採、氧化鋁生產、鋁的電解、鋁的加工等生產環節構成，除此以外，鋁產品市場還包括鋁應用、再生鋁企業和消費者。如果電解鋁企業縱向併購，兼併收購了鋁土礦開採企業和氧化鋁生產和鋁加工企業，壟斷了從鋁開採一直至成品生產的所有環節，對於該企業而言，原先的外部交易輕而易舉地變成了企業內部的行為，鋁的價格波動對它則不會有太多的影響，甚至可以把生產成本轉嫁給下遊的消費者。所以，它根本就沒有必要參與期貨交易來降低價格風險。

第二節　商品期貨交割制度分析

一、交割標準品和替代品的規定

商品期貨合約是標準化的條款，這些條款包括價格、數量、品種、質量、交割地點、結算、違約等內容。這裡面除了價格可以變化外，其他條款都是標準化的，其中交割地點和交割質量條款是最難以制定的，也始終是交割中出問題最多的地方。因此，下面將對交割質量進行分析，交割地點將在隨後進行討論。

制定等級條款是交易所面臨的一個複雜難題。交割品質需要能夠反應、概括現貨市場上標的商品的總體要求和主要貿易活動，必須對標的物制定出可供交割商品的基準等級，以及替代可交割商品的等級與升貼水，同時與現貨市場的交易習慣和流通習慣保持一致。如果交割標準制定得過於嚴格，導致可供交割量不足，則會減小大戶操縱市場的困難程度；反之，如果交割標準制定得過於寬鬆，經驗表明，這種條款或者對多方有利，或者對空方有利，交易量就會下降並最終停止。

對交割質量的規定一般由交易所完成。傳統的操作方法是：交易所通常選取現貨市場中貿易量最大的品質作為基準交割品，然后根據現貨市場上的質量差將其劃分為不同的等級，並依此設計升貼水。升貼水設計的基本思路是：把期貨市場上可交割物分成幾個不同的等級，其中必有一個等級的標的物是標準等級，其他的等級為替代品，替代品等級跟標準等級進行比較，如果某一等級比標準品品級高，則是升水，反之，則為貼水，同時根據現貨市場的價格變化，適時對升貼水進行調整。所以

從本質上來說，標準品和替代品的升貼水關係，實際上是由質量差別形成的價格差額，它包括品種差價、品質差價、等級差價、規格差價、新陳差價等，統稱為質量差價，即質量升貼水。

工業品是規模化生產，產品的質量標準更易制定，檢測指標相對容易量化，而農產品除了受自然因素影響較大外，跟中國的生產方式也有很大的關係，所以在中國的交割質量糾紛案中，農產品比工業品要多。縱觀一百多年來的期貨發展史，一國最開始交易的期貨品種都是農產品，中國最初試點的也是鄭州糧食批發市場，所以下面將以鄭州商品交易所的棉花為例來分析。至於為何選擇棉花，是因為不管從成交量還是成交金額來看，棉花在2015年該所的農產品中都位列第三，前兩位分別是菜籽粕和白糖，但棉花卻是最早上市的品種。

棉花自2004年6月1日上市以來，市場價格波幅巨大，國內許多企業需通過棉花期貨規避價格風險。因此交易量增長平穩，市場規模較大，2015年全年成交為45,226,622張（雙邊），成交金額約2.9萬億元。因此交割質量升貼水作為交割制度的重要組成部分，直接關係到套期保值者能否順利組織交割，也關係到每張倉單的貨款及可供交割量和期貨價格。

鄭州商品期貨交易所目前棉花基準交割品要求符合《棉花第1部分：鋸齒加工細絨棉》（GB1103.1—2012）規定的3128B級，且長度整齊度為U3檔，斷裂比強度為S3檔，軋工質量為P2檔的國產棉花。交割標準品和替代品及升貼水如表3-1所示。

表 3-1　　一號棉花期貨合約替代交割品升貼水

序號	指標	升水替代品 （元/噸）		基準品	貼水替代品 （元/噸）		
1	顏色級	11	21	31	41	12	22
	升貼水	600	300	0	-500	-100	-700
2	長度（毫米）	≥30	29	28	27		
	升貼水	200	100	0	-200		
3	馬克隆值	A		B（B1，B2）	C2		
	升貼水	100		0	-100		
4	斷裂比強度	S1	S2	S3	S4		
	升貼水	200	100	0	-100		
5	長度整齊度	U1	U2	U3	U4		
	升貼水	100	50	0	-200		
6	軋工質量	P1		P2	P3		
	升貼水	50		0	-200		
7	異性纖維	—		發現未 超過1包的	發現超過1包的 — 每多發現1包		
	升貼水	—		0	-200		

資料來源：鄭州商品交易所網站，自 CF311 合約開始執行。

　　長度與顏色是兩個重要指標。到底以哪個指標為核心？參照美國 CCC 信貸公司（相當於中國的農發行）2011 年發布的數據，顏色最高級與最低級的升貼水之差均值為 635，而長度中最短和最長的升貼水之差均值為 368 元。由此得出：顏色級對價格的影響更大一些[1]。並且與品級指標所包含的成熟程度、色澤特徵及軋

---

　　[1]　王宗芳，曹登科. 期貨實物交割質量升貼水設計的一種方法 [J]. 金融理論與實踐，2013（2）：19.

第三章　商品期貨品種選擇及交割制度分析　113

工質量指標中，最接近的是顏色級指標所表明的色澤特徵。交易所在參考了美國棉花定價方式，並且結合中國軋花、貿易和紡織企業的傳統習慣，並兼顧紡織企業對棉花各項質量指標的取值，確定了顏色為核心指標。顏色級別共 5 級，分別為色級 11、21、31、41、51，11 為最高的 1 級，51 為最低的 5 級，其中 31 為標準級，淡點污棉色級為 12、22、32，12 為最高的 1 級，32 為最低的 3 級。交易所制定的標準以現貨市場為基礎，白色 31 色級為標準品，白色 1 級、2 級、4 級分別升貼水 600 元、300 元、-500 元，淡點污棉 1 級、2 級分別升貼水-100 元、700 元。

棉纖維長度是棉纖維伸直后的長度，是纖維品質中最重要的指標之一，與紡紗質量關係十分密切，纖維越長，紡紗支數越高，可紡號數越小，強度也越大。長度分級用手扯尺量化進行，分成 25 毫米、26 毫米、27 毫米、28 毫米、29 毫米、30 毫米、31 毫米七個級別，31 毫米及其以上為一級品，長度標準級是 28 毫米。一般來說，五級以下稱為等外品，市場銷路不好。交割品的設計根據現貨市場的情況，規定 28 毫米為標準級，28 毫毛以上升水，小於這一數值貼水 200 元/噸，五級以下不能用於交割。

根據中國纖維檢驗局《2014/2015 年度中國棉花質量分析報告》，從顏色和軋工質量來看，國內棉花顏色級以白棉和淡點污棉為主。白棉 2 級和白棉 3 級占比最多，淡點污棉主要集中在淡點污 2 級。軋工質量主要集中在中檔，全國各省軋工質量為中檔的棉花比例均占到 90% 以上。從纖維長度來看，長度在 25~27 毫米的占比較上一個年度顯著下降，長度整齊度指數指標中檔占比最高。從纖維內在品質來看，馬克隆值中 A 級占比顯著增加，C2 檔過成熟棉占比小幅降低。截至 2015 年 10 月 21 日，中國纖維檢驗局對本年度新疆棉的檢查結果：平均長度值為 27.5，顏色級白棉 1～3 級占比 96.3%，平均斷裂比強度 28.1cN/tex，屬於 S3 級，平均長度整齊度指數 82.7%，屬於 U3

级，轧工质量 P1 占比 12.4%，P2（中）占比 84.9%，马克隆值 C2 级占比 65.2%。根据现货市场流通量和贸易习惯，交易所设定的基准品和替代品完全能够满足交割量的需要，同时交割品的品质也能满足生产和消费的一般要求。

二、交割费用的规定

期货交割行为主要取决于利润和成本、交易费用和交易的收益等经济变量，尤其是高度集中化、组织化、制度化的期货市场。交割既与市场有关，也与跟制度有关的交易费用有关，并且是影响交割行为的重要因素之一。

交易费用是产权权利转让过程中所发生的费用。对于期货中的实物商品来说，产权转让过程包含实物和所有权的转移，各种有关权利（主要是控制权）的转移在前面，实物和所有权的转移在后面。其转移主要是通过实物交割来进行的，交易费用的主要表现则是交割费用。交割费用的大小要受到现货市场的发育程度、运输方式和条件、交割地点的选择、交割制度、套期保值和套利的收益和成本大小、参与交割的动机和愿望等因素影响。

关于交割费用的规定对交易所来说是一个较为棘手的问题。这是因为交割费用中的很大一部分是交割仓库的收入来源，如果这部分过低，会影响到交割仓库申请成为定点仓库的积极性，已成为定点仓库的也会变相阻止交割。而对于希望在期货市场进行实物交割的交易双方来说，扣除货物单价的实际成本除了交割费用外，还有物流费用和保险费用以及其他费用，同时还有一些费用是很难用货币来进行衡量的，如因为交割而涉及的时间耗费、完成交割的困难程度等。如果上述费用过高，或交割门槛太高，会降低他们的交割意愿，进而影响期货、现货价格的收敛。目前，期货投资者常常抱怨的是交割费用过高（见表 3-2、表 3-3、表 3-4）。

表 3-2 大連商品交易所交割費用

品種	期貨倉儲費 5月1日—10月31日	期貨倉儲費 11月1日—4月30日	質檢費	交割手續費	雜項作業費	商品入出庫費
黃大豆1號	0.5元/噸天	0.4元/噸天	2元/噸	4元/噸	其中倒垛、碼通風垛、散糧篩選分別為7、10、35元/噸；縫口補眼、整包晾曬選、更換包裝、篩選挑選、整包晾曬、編織袋割口、編織袋串麻袋分別為0.5、1.4、1.8、3.7、3.2、1.2、0.5、0.6、1.8元/件	實行最高限價，具體由交易所根據運輸方式、指定交割倉庫規定
黃大豆2號	0.5元/噸天	0.4元/噸天	3元/噸	4元/噸		
玉米	0.6元/噸天	0.5元/噸天	1元/噸	1元/噸		
豆粕	0.5元/噸天		3元/噸	1元/噸	參照有關行業規定的收費標準收取	
豆油	0.9元/噸天		3元/噸	1元/噸		
棕櫚油	0.9元/噸天		3元/噸	1元/噸		
LLDPE、PVC、PP	1元/噸天		實行最高限價	2元/噸		
焦炭、焦煤	1元/噸天		參照有關行業規定的收費標準收取	1元/噸		
鐵礦石	0.5元/噸天			0.5元/噸		
雞蛋	6元/噸天		實行最高限價，檢測機構不同，費用不同	1元/噸		
纖維板、膠合板	0.35元/噸天			0.01元/噸		
玉米澱粉	0.8元/噸天		最高限價6,000元/樣	1元/噸		

資料來源：大連商品交易所網站（2016年3月）

表 3-3　上海期貨交易所有色金屬交割倉庫相關費用收取標準

一、進出庫及倉儲費			
完稅指定交割倉庫價格		保稅交割倉庫價格	
倉儲租金		倉儲租金	
1. 庫房	鉛：0.70 元/噸·天	1. 庫房	銅：0.50 元/噸·天
^	^	^	鋁：0.60 元/噸·天
貨場	銅：0.30 元/噸·天	貨場	銅：0.40 元/噸·天
^	鋁：0.40 元/噸·天	^	鋁：0.50 元/噸·天
^	鋅：0.30 元/噸·天	^	
進庫費用		進庫費用	
1. 專用線	26 元/噸	1. 專用線	無
2. 自送	18 元/噸	2. 自送	18 元/噸
^	（集裝箱）30 元/噸	^	（集裝箱）30 元/噸
出庫費用		出庫費用	
1. 專用線	26 元/噸	1. 專用線	無
2. 自提	15 元/噸	2. 自提	15 元/噸
^	（集裝箱）25 元/噸	^	（集裝箱）25 元/噸
分揀費	5 元/噸	分揀費	無
代辦車皮申請	5 元/噸	代辦車皮申請	無
代辦提運	2 元/噸	代辦提運	2 元/噸
加急費	無	加急費	無
打包費		打包費	
1. 銅	20 元/噸	1. 銅	20 元/噸

表3-3(續)

一、進出庫及倉儲費			
2. 鋁	35元/噸	2. 鋁	35元/噸
3. 鋅	30元/噸		
4. 鉛	40元/噸		
二、過戶費			
品種	一般指定交割倉庫	保稅交割倉庫	
銅、鋁、鋅、鉛	1元/噸	1元/噸（暫不開通）	
三、打印費			
倉單所有人向指定交割庫申請打印紙質倉單的，指定交割庫收取100元/張的打印費			

資料來源：上海期貨交易所網站（2016年3月）。

表3-4 鄭州商品交易所優質強筋小麥交割相關費用

項目		優質強筋小麥	備註
倉儲費		0.5元/噸·天	
交割手續費		1元/噸	
倉單轉讓、期轉現手續費		1元/噸	
入庫檢驗費		1.5元/噸，單垛不足2,000噸的按2,000噸計	
入出庫費用	運輸方式	汽車	入庫含卸車、入庫，出庫含扒垛、裝車等
	入庫（元/噸）	9	
	出庫（元/噸）	9	

資料來源：鄭州商品交易所網站（2016年3月）。

鄭州商品交易所對於不同的產品，交割包括的費用不同，總的來說有出入庫費用、倉儲費、交割手續費、質檢費用等。

對有些產品如玻璃來說，如果對尺寸、對角線、外觀質量、彎曲度、光學性能全部進行檢驗，抽取樣本數 20 片，檢驗費用最高達到 4,800 元。而另一些商品如小麥，檢驗費用相對來說較低，只有 1.5 元/噸，但一垛也需花費 3,000 元。

通過以上的收費標準，我們可以看到，不同交易所交割費用標準不同，即使同一個交易所，不同品種之間差別也很大。當然隨著交易所和交割倉庫管理水平的提高和現貨市場的完善，以及新技術的應用，交割費用下降的趨勢也可能會存在。

三、交割糾紛和違約及其責任歸屬

期貨交割通常涉及四類主體即買賣雙方、倉庫或廠庫、期貨交易所。影響交割違約事件發生和糾紛的因素既有質量方面的，也有人為方面的，甚至其他不可控因素。如何對上述事件公正、公平地進行處理，不僅涉及當事方的切身利益，也會影響期貨市場的健康發展。

當買方或賣方之間出現交割糾紛或違約時，或交割倉庫出現違約時，交易所要不要承擔連帶責任？雖然市場中有一些爭議，但目前在實務操作中基本上達成了共識，即交易所需承擔連帶責任，同時保留對違約方追償的權利。這是因為，首先，期貨交易畢竟不同於現貨交易，雙方成交時並不知道對方的身分，交易所實際上承擔著買方的賣方和賣方的買方責任，以保證合約的履行，如果交易所不承擔責任，那麼一旦出現問題，從經濟人的角度考慮，他一定會選擇推脫責任，這時「保證合約全面履行」就成為一句空話。其次，中國期貨交易所是經國務院期貨監督管理機構審批成立的。《期貨交易管理條例》第七條規定，期貨交易所不以營利為目的，按照其章程的規定實行自律管理，期貨交易以其全部財產承擔民事責任。第十條規定：期貨交易所應當依照本條例和國務院期貨監管管理機構的規定，

建立、健全各項規章制度，加強對交易活動的風險控制和對會員以及交易所工作人員的監督管理。期貨交易所應履行下列職責：①提供交易的場所、設施和服務；②設計合約，安排合約上市；③組織並監督交易、結算和交割；④為期貨交易提供集中履約擔保；⑤按照章程和交易規則對會員進行監督管理；⑥國務院期貨監督管理機構規定的其他職責。期貨交易所不得直接或者間接參與期貨交易。第三十七條規定：會員在期貨交易中，期貨交易所先以該會員的保證金承擔違約責任，保證金不足的，期貨交易所應當以風險準備金和自有資金代為承擔違約責任，並由此取得對該會員的相應追償權。第三十八條也規定實行分級會員分級結算制度的期貨交易所，應當向結算會員收取結算擔保金。期貨交易所只對結算會員結算，收取和追收保證金，以結算擔保金、風險準備金、自有資金代為承擔違約責任，以及採取其他相關措施。從上述規定可以看出，雖然交易所有責任和義務保證履約，但是也保留了向違約方追索的權利。

（一）買方或賣方的糾紛和違約及其處理

買賣雙方發生交割糾紛最多的地方是對質量的認定。因此，為了保證交割的順利進行和減少糾紛，三大商品期貨交易所根據各自的實際情況和產品的不同特徵，分別制定了交割細則，對各品種詳細規定了標準品的質量要求、替代品的質量要求和升貼水。但交割是實務性很強的工作，做到對質量無任何異議基本上是不可能的，也是不現實的。在交割糾紛的認定和處理上，各交易所儘管有些細微的區別，但總的來說，差別不是太大，遵循的是誰有問題誰負責的原則。

上海期貨交易所規定不能支付或者接收增值稅專用發票的客戶不允許交割，所有自然人客戶不能交割。實物交割應當在合約規定的交割期內完成，交割期為該合約最后交易日后的連

續五個工作日。在交割期前，貨主在向指定交割倉庫發貨前，辦理入庫申報，批准同意后，商品運抵交割倉庫后，指定交割倉庫按交易所有關規定對到貨及相關憑證進行核驗，貨主應當到指定交割倉庫監收，如果不到庫監收，視為同意指定交割倉庫驗收結果。當標準倉單合法持有人提貨時，指定交割倉庫對標準倉單審核無誤后予以發貨。貨主可以自行到庫提貨或委託指定交割倉庫代為發運，但委託指定交割倉庫代為發運時貨主應當到庫監發。貨主不到庫監發，視為認可指定交割倉庫發貨無誤。實物交割完成后，若買方對交割商品的質量、數量有異議的（天然橡膠、白銀有異議的交割商品應當在指定交割倉庫內），應當在實物交割月份的下一月份的15日之前（含當日，遇法定假日時順延至假日后的第一個工作日），向交易所提出書面申請，並應當同時提供本交易所指定的質量監督檢驗機構出具的質量鑒定結論。逾期未提出申請的，視為買方對所交割商品無異議，交易所不再受理交割商品有異議的申請。對於交割的螺紋鋼、線材和熱軋卷板每批商品的有效期應當涵蓋本次交割的最后交割日。即使交割螺紋鋼、線材和熱軋卷板的每批商品的有效期截止時間早於質量異議期的提交截止時間，如果該批商品的質量鑒定結論不合格，賣方對該批交割商品的實際質量仍需承擔全部責任。

　　上海期貨交易所對買賣雙方交割違約的認定如下：在規定交割期限內賣方未能如數交付標準倉單的、在規定交割期限內買方未能如數解付貨款的、賣方交付的商品不符合規定標準的。發生交割違約時，守約方應當在接到交易所通知的下一交易日11：00以前將終止交割或繼續交割的選擇意向書面遞交交易所，逾期未提交選擇意向的，交易所按終止交割處理。終止交割后，交易所交割擔保責任終止，並向守約買方退還貨款，或向守約賣方退還標準倉單。如繼續交割，交易所則在違約的下一交易

日組織徵購或發布標準倉單競賣公告，如七日內沒有成功，則由違約方向守約方支付15%的賠償金。若買賣雙方都違約的，交易所按終止交割處理，並對雙方分別處以違約部分合約價值5%的罰款。

鄭州商品交易所規定車（船）板交割時，賣方貨物存放機構必須達到交易所規定的條件，如果達不到，賣方須承擔由此產生的相應責任。動力煤車（船）板交割檢驗在裝車（船）過程中進行，買賣雙方需到場，現場檢驗的質檢報告作為貨物質量判定的依據。如雙方對檢驗結果有異議，不能協商解決的，動力煤買賣雙方中任何一方自收到質檢結果之日（不含該日）起5個工作日內向交易所書面提出復檢申請，並預交復檢費用，復檢僅限一次，費用由過錯方承擔。動力煤之外的其他品種發生質量爭議時，應及時通知交易所。雙方把復檢樣品共同寄送交易所指定的質檢機構或者雙方認可的檢驗機構進行復檢，復檢結果為貨物質量判定的依據，寄送及復檢費用由雙方共同承擔。

鄭州商品交易所對交割違約的認定包括：規定期限內，賣方未能如數交付標準倉單的或未能如數交付實物的，買方未能如數解付貨款的；車（船）板賣方交割的貨物質量不符合交割質量規定的；交易所認定的其他違約行為。按照誰違約誰承擔責任的原則，鄭州商品交易所規定構成違約的，由違約方支付違約部分合約價值（按交割結算價計算）20%的違約金給守約方，雙方交割終止。

大連商品交易所對提貨單交割規定一般由買方委託質檢機構進行，質量驗收時雙方需到場，若不到場視為同意。如賣方對買方出具的檢驗結果有異議，應在買方提交檢驗報告的下一個交易日閉市前向交易所提出復檢申請。交易所在指定質量檢驗機構中選取復檢機構，以卸貨時的抽樣存樣的復檢結果為解

決爭議的依據。逾期未提出申請的，視作對檢驗結果無異議。賣方提出爭議時，復檢費用先由賣方先行墊付，復檢結果與原檢驗結果的差異在相關標準規定的合理誤差範圍內的，由此產生的費用（包含檢驗費、差旅費等）由賣方負擔；否則，該費用由買方負擔。該所對交割違約的認定包括：在規定期限內，賣方未能如數交付標準倉單的，買方未能如數解付貨款的。如發生交割違約，由違約方支付違約部分合約價值20%的違約金給守約方，買賣雙方終止交割。若買賣雙方都違約的，交易所按終止交割處理，並對雙方分別處以違約部分合約價值5%的罰款。

(二) 交割倉庫的違約及其處理

商品的入庫、出庫和保管都是由交割倉庫完成的，交割倉庫有責任和義務把商品保管好。交易所在實物交割過程中起著仲介作用，應當明確其與交割倉庫的權利義務關係。交割倉庫的規範管理是解決交易所和交割倉庫及交易雙方之間糾紛的根本辦法。經過多年的發展和實踐，目前，交割的進行在上述四者之間已形成了較為規範的制度。

上海期貨交易所對交割商品的入庫出庫的流程和驗收有專門的規定，當貨主與指定交割倉庫就交收的商品檢驗結果發生爭議時，一般通過雙方會驗的方式解決。當然也可以提請交易所指定的質量檢驗機構復驗，復驗結果為解決爭議的依據。如果指定交割倉庫出具虛假倉單，標準倉單所示商品中有牌號、商標、規格、質量等混雜，交割商品與單證不符，交割商品沒有或缺少規定證明文件，交割商品的捆數、塊數、包裝要求和交易所規定不符，未完成規定的檢驗項目而出具倉單，錯收錯發，因保管不當，引起儲存商品變質、滅失，在搬運、裝卸、堆碼等作業過程中造成包裝和商品損壞，商品交割中濫行收費，違反期貨交割業務規則，限制、故意拖延交割商品的入庫、出

庫的行為的，交易所將責令交割倉庫改正，並沒收違規所得。情節較輕的，給予警告，可以並處1萬～10萬元的罰款；情節嚴重的，通報批評、公開譴責、減少核定庫容、暫停交割業務、取消其交割倉庫資格、宣布為「市場禁止進入者」，沒有違規所得或違規所得10萬元以下的，可以並處10萬～50萬元的罰款，違規所得10萬元以上的，可以並處違規所得一倍以上五倍以下的罰款。

　　大連商品交易所規定當商品入庫、出庫時，貨主應當到庫監收監發，貨主不到庫監收監發的，則視為貨主對指定交割倉庫所收所發的實物重量、質量沒有異議。根據品種不同，大連商品交易所對貨主與指定交割倉庫就商品質量檢驗結果發生爭議時，處理措施稍顯不同，但基本上包括提出復檢申請、交易所指定的質量檢驗機構進行復檢，復檢結果為解決爭議的依據。復檢費用由提出爭議者或提貨方先行墊付。復檢結果與指定交割倉庫的檢驗結果相符，由此產生的一切費用（檢驗費和差旅費等）和損失由提出爭議者或提貨方負擔。如果不相符，該費用和損失由指定交割倉庫負擔。

　　鄭州商品交易所要求交割倉庫繳納交割擔保金，以作為交割倉庫履行義務的保證，交割擔保金的利息歸交割倉庫所有，利率按同期銀行活期利率每年計算一次。當由於交割倉庫的原因造成標準倉單持有人不能行使或不能完全行使標準倉單權利的，交割倉庫應當承擔賠償責任；賠償不足的部分由交易所按有關規定補充賠償，補充賠償后，交易所有權對交割倉庫進行追償。

四、標準倉單的流通及其管理

　　標準倉單市場是商品期貨市場的重要組成部分，與期貨市場中的經紀業務、結算業務、信息的收集和發布等具有同等重

要的作用，是保證期貨交易實物交割、價格形成必不可少的手段。

眾所周知，倫敦金屬交易所之所以成為世界有色金屬價格的晴雨表，一個重要的原因，就是在世界各地建立了許多註冊倉庫。買方可以利用設在倫敦的標準倉單交換市場，通過運輸升貼水的補差，獲得自己所需的標準倉單，從而形成了國際性的大流通，也促進了交易的持續活躍。

（一）標準倉單的含義

在闡述標準倉單的含義之前，首先要弄清楚什麼是倉單？目前，關於倉單的概念，並沒有取得一致的觀點，學術界和實務界有不同的認識。如臺灣學者邱聰智認為，倉單者，倉庫營業人因寄托人之請求而填發，以表彰寄托物之有價證券。《現代期貨大辭典》，則認為倉單是一種「倉庫收據」，是由倉庫營業機構簽發給寄托方的、列明倉庫保管貨物或者商品所有權的單據或者憑證，是倉庫營業機構與寄托方之間的契約。[①] 總結起來，學界大多認為倉單是一種有價證券，強調它是保管人應存貨人的請求而簽發的憑證，其標的物是倉儲物，並存在相對應的法律關係。

中國實務操作界對倉單的定義稍微有些區別，如中國倉儲協會等十幾家單位聯合起草，經國家標準化委員會批准的《倉單要素與格式規範》（GB/T30332—2013）在 2014 年正式實施。它認為倉單是保管人收到倉儲物后給存貨人開付的提取倉儲物的憑證。該定義強調了倉單是貨物存儲交接的基本憑證。另外，中國在 1995 年修訂的《中華人民共和國擔保法》第七十五條首次引入了「倉單」一詞。《中華人民共和國合同法》第二十章第三百八十七條規定，倉單是提取倉儲物的憑證，存貨人或者

---

① 現貨期貨大辭典 [M]．北京：人民出版社，1996：24.

倉單持有人在倉單上背書並經保管人簽字或者蓋章的,可以轉讓提取倉儲物的權利。

綜合上述各種觀點,可以發現,理解倉單的內涵主要應從以下幾個方面入手:一是倉單是建立在倉儲合同法律關係上的;二是倉單對存貨方來說是一種權利憑證;三是倉單是一種有價證券。

期貨是標準化的合約,隨著技術的發展,目前三大期貨交易所都實現了用電子倉單系統來辦理倉單業務,這種倉單都實行標準化管理,即倉單是在統一合約、統一註冊商標、統一制度下進行儲運和交換。雖然各交易所對標準倉單的定義基於實踐中的應用,在表述上稍微有些區別,但本質上是一樣的。如大連商品交易所規定,標準倉單是交易所指定交割倉庫按照交易所規定的程序提交註冊申請后,經交易所註冊的符合期貨合約規定質量標準的實物提貨憑證。根據製作機構的不同,它分為倉庫標準倉單和廠庫標準倉單。鄭州商品交易所註冊產生的標準倉單根據流通性質不同,又分為通用標準倉單和非通用標準倉單。前者可以到倉單載明品種所在的任一倉庫或廠庫選擇提貨,而后者只能到倉單載明品種所在倉庫或廠庫提取所對應貨物的財產憑證。

(二) 標準倉單的生成及信息披露

標準倉單的生成涉及交易所及其會員、交割倉庫、貨主,另外也需要指定質檢機構出具的報告,還要兼顧某些產品的品質特點和要求。因此,流程的設計應兼顧科學性、簡潔性、低成本性。在經過多年的實踐和不斷總結后,標準倉單的生成包括交割預報(入庫申報)、商品入庫、驗收、指定交割倉庫簽發、確認等環節。圖3-1為大連商品交易所的倉庫標準倉單生成流程,它適用該交易所所有上市的品種。另外,大連商品交易所除了倉庫標準倉單外,還推出了廠庫交割標準倉單,但只

能是豆粕、豆油、棕櫚油、焦炭、焦煤、鐵礦石、雞蛋、膠合板、玉米澱粉可以註冊，通過電子倉單系統提交標準倉單註冊申請時由廠庫進行。

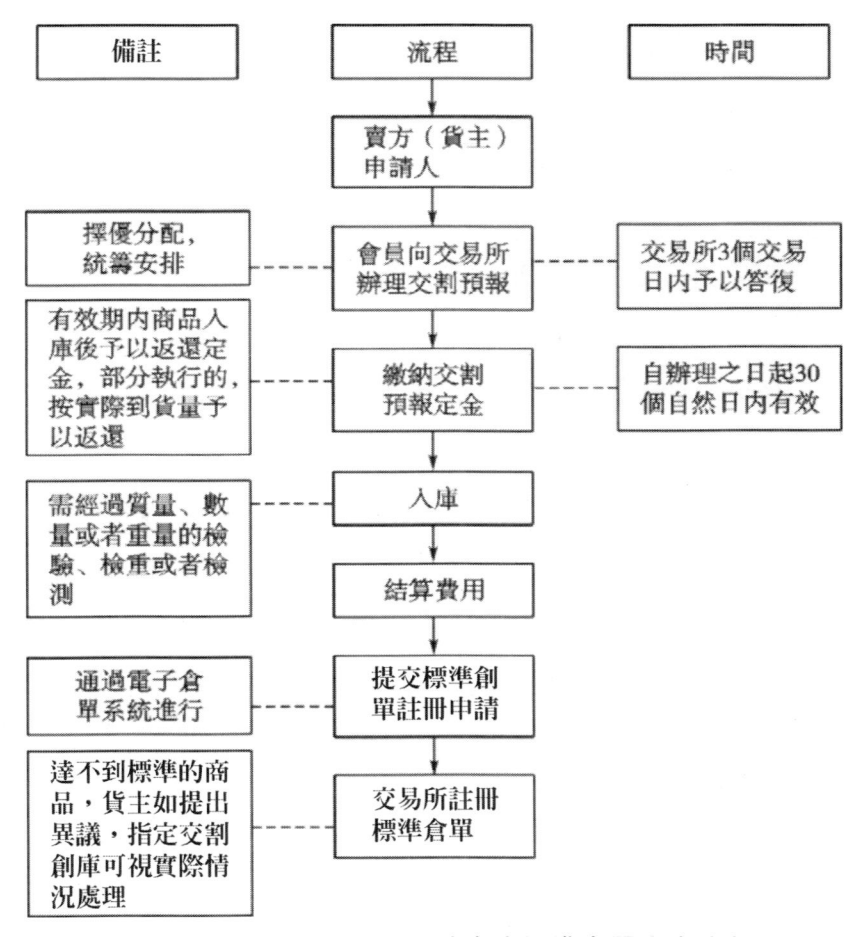

備註	流程	時間
	賣方（貨主）申請人	
擇優分配，統籌安排	會員向交易所辦理交割預報	交易所3個交易日內予以答復
有效期內商品入庫後予以返還定金，部分執行的，按實際到貨量予以返還	繳納交割預報定金	自辦理之日起30個自然日內有效
需經過質量、數量或者重量的檢驗、檢重或者檢測	入庫	
	結算費用	
通過電子倉單系統進行	提交標準倉單註冊申請	
達不到標準的商品，貨主如提出異議，指定交割倉庫可視實際情況處理	交易所註冊標準倉單	

圖 3-1　大連商品交易所的倉庫標準倉單生成流程

總體來說，目前中國三大商品期貨交易所對信息披露的依據有三個層次：一是《期貨交易管理條例》和證監會的行政規章中相關信息披露的規定；二是三大交易所各自制定的章程和細則；三是根據交易細則中的具體措辭如「活躍月份」來進行確定的一些相關文件。交易信息的披露是整個期貨市場規則體

第三章　商品期貨品種選擇及交割制度分析 127

系的重要組成部分。不管是國外還是國內的金融監管者和立法機構及行業組織，都針對期貨的信息披露做出了相應的規定。

期貨價格能否發揮預測作用，在很大程度上影響著期貨市場是不是一個有效的市場。Fama的有效市場理論裡，按照市場價格反應市場信息的準確程度，把市場分成弱式有效市場、半強式有效市場、強式有效市場。在弱式有效市場裡，當前的價格只反應了以往所有的信息；在半強式有效市場裡，所有公開的信息都反應在價格裡；在強式有效市場裡，所有的公開的以及未公開的信息都反應在資產的價格裡。

具體到期貨領域，要實現最低層次的弱式有效性，則要求所屬上市交易品種在某一時點的價格能反應在此以前的所有交易的歷史信息，這種信息包括合約的價格、成交量、持倉量、成交金額以及成交量和持倉量的每日排名及階段性排名。上述信息的披露會在很大程度上影響期貨市場的運行效率。

當前，中國期貨交易信息披露主要有三部分：一是即時行情如開盤價、最高價、最低價、結算價、最新成交價、現手、總手、買盤、賣盤等；二是合約的成交量、持倉量、成交金額、交割相關信息和會員每日成交量和持倉量的排名等；三是階段性行情及交易情況。如鄭州商品交易所公開發布的數據包括每日行情、結算參數、持倉排名、成交排名、階段成交排名、套保持倉、交割配對、倉單日報、期轉現統計、交易月歷、每月行情、月度交易匯總、月度交割查詢、月度市場報告、歷史行情下載等。

除了建立交易層面和包括交割信息在內的期貨市場的信息披露外，事實上影響交易決策的還包括宏觀經濟的信息披露，特別是與品種有關的信息披露。如果這些重要的信息不是通過正常的途徑發布，而是通過小道消息的途徑在市場裡流傳時，當正式的文件發布時，政策的效力則會被削弱。

目前，除三大交易所公布的信息外，一些專門的機構和行業組織也會對外提供數據服務。站在金融市場普通投資者的立場，市場越透明，其獲得的有效信息越多，在進行投資決策時實現有效決策的概率就會提高，這有利於維護市場的公平及公正，彌補中小投資者的信息劣勢，減少市場被操縱的可能性。

(三) 標準倉單的流通及轉讓

標準倉單流通是指標準倉單用於交易所內履行合約的實物交割、標準倉單交易及標準倉單在交易所外轉讓。在實踐中，部分商品如雞蛋，由於產品不易儲存或其他原因，標準倉單不允許交易和轉讓。標準倉單用於實物交割，是見得最多的一種方式，一般是在交割月或交易所規定的時間內，由買賣雙方主動申請，經過交易所組織配對並監督，按照規定程序進行貨物交收的實物交割。另外，標準倉單在客戶提出申請，會員提交申請並經交易所審核后，可以用於充抵保證金。

近幾年，隨著大宗商品原材料進口規模的擴大，商業銀行也開始涉足大宗商品貿易領域，而持有標準倉單的機構可以把它質押給銀行或第三方進行融資。目前對於標準倉單質押的法律沒有明確的規定，同時三大交易所在具體操作模式上也有不同。上海期貨交易所實施標準倉單質押的主要依據是該所發布的《上海期貨交易所交割細則》《上海期貨交易所標準倉單管理辦法》兩個文件，出質人可以使用電子形式標準倉單出質，也可以使用紙質標準倉單出質。另外，標準倉單也可以在交易所外轉讓。

標準倉單除了能用於交割外，其他如轉讓、質押、充抵保證金等用途，增加了倉單的實用性，能幫助會員就近交割和提貨，並促進交割倉庫的競爭。對於中小企業來講，融資難一直是其發展的瓶頸，倉單的質押可以部分解決融資難問題，降低銀行發放貸款的風險。

五、交割倉庫的設置

期貨交易由交易所作為中央對手方集中撮合每筆交易，它是現貨交易發展到一定階段的產物。作為現貨交易，在履行合同時，必須有確定的交貨地點。相應地，期貨交易如果進行實物交割，由交易所指定專門的地點收付貨，可以極大地簡化交割過程。

交割倉庫的設置及相關條款的擬定，絕大部分由交易所來完成。如何指定交割地點和制定交割規則，對交易所來說是一種考驗。制定期貨合約和交割規則並不是要鼓勵交割，而是要實現一種平衡，即只有少量的期貨合約選擇以實物交收付，持有合約的交易雙方能夠及時交割，而不是使用任何其他誘因促使其進行交割。

期貨合約價格是市場競爭的結果，是參與各方綜合各種市場信息，並對這些信息加工和處理后博弈的結果。期貨合約交割從本質上來說就是一個價格抽樣過程，即從商品流中抽出一個樣品，檢驗它的價格，然后再讓它返回商品流。為了提供一個有代表性的樣品，就要求在交割地必須有大量的商品流入或流出，從而使價格在總體上能代表該類商品的價值。

優秀的交割倉庫通常需要滿足下列條件：①硬件。倉庫具備一定的庫容量，庫房配套設施齊全，庫內短運車及搬倒車數量達到要求，有較強的出入庫裝卸能力，有鐵路專用線或專用碼頭。②資質和信譽。倉庫具有良好的資質，無違法歷史記錄和大的違規事件，在行業中具有一定的知名度，有素質好和責任心強的專業管理人員，財務狀況良好，有一定的抗風險能力，有完善和規範的倉庫規章管理制度，倉庫所在地有權威的質檢機構。③位置。倉庫位於商品主要的集散地或消費地，水陸交通便利，車船運輸方便。

交割倉庫是設在產區、銷區或者中轉區？交割倉庫是設置一

個,還是多個?或者是分散設立還是集中設立交割倉庫?這些問題並沒有一個統一的答案。事實上,交割倉庫也是一個市場,如果該倉庫發生作用,不僅需要有空頭提供可交割的商品,也需要有多頭從該處提走商品,缺乏任何一方,該交割倉庫就失去了存在的意義,更別說實現期貨的價格發現作用。當然,如果交割倉庫所在地的註冊倉單者與註銷倉單者力量相差懸殊,會人為地擴大一方的交割成本,結局自然是交易者離開這個市場。

(一)設置一個還是多個交割倉庫

不管是國內還是國外,在期貨市場成立初期,交易所都選擇了單一交割地點。隨著市場的發展和交易量的擴大,單一交割地無法再滿足發展需要,交易所開始在固定區域增設定點倉庫,當增設還是無法滿足參與者的需要時,開始在異地增設交割倉庫。

芝加哥期貨交易所是19世紀中期創立的期貨交易所。在將近一個世紀的時間裡,芝加哥都是美國最大的農產品集散地,進入20世紀中葉時,作為商用穀物中心地位的芝加哥地位不斷下降,托里多和聖路易斯流出和流進的穀物日益增多。1973年,托利多成為小麥合約的另一個交割地點。1976年,托利多和聖路易斯增加為玉米合約的另一個交割地點。1979年,托利多又被增加為大豆的另一個交割地點。

中國深圳有色金屬交易所是第一家推出標準化合約(1992年10月推出特級鋁標準化合約)的交易所,最初的交割由1993年4月建立的深圳華儲服務公司負責。深圳有色金屬交易所對交割倉庫的管理,跟其他交易所對交割倉庫的管理相比,多了一個中間環節,即倉儲公司。在交易所、倉儲公司、交割倉庫三者的關係中,交易所批准交割倉庫的註冊,並委託倉儲公司對交割倉庫進行監管,並簽署標準倉單,倉儲公司對其所簽署的標準倉單的有效性負全部法律責任。受制於當時的運輸能力,

深圳有色金屬交易所與當時全國其他的期貨交易所一樣，交割倉庫都局限在一兩個生產、消費中心城市。如鋁，消費城市主要集中在廣東和沿海城市，生產廠家主要集中在西北。在期貨市場上，鋁的交割只能在廣州地區的註冊倉庫進行，所以對一些通過實物交割進行套期保值的廠家，必須將貨物從西北運到廣州地區註冊倉庫交貨，加大了它們套期保值的成本。

在單一地設置交割倉庫，或在限定區域內設立少數幾個定點倉庫，交易所管理相對容易，升貼水的設置不必太過於複雜。因為太過分散，多點交割，會使投資者難以判斷期貨價格的投資價值，一旦多點交割的量超出了期現價格趨合的一定範圍，會把投資者變成現貨商，增加他們處理現貨的難度和風險。

那麼是不是交割倉庫設立得越少越好？答案顯然是否定的。交割倉庫的設立應當不改變現貨流通的規律，這一方面是因為運輸成本的問題，另一方面是在正常的情況下，當現貨市場上沒有足夠的商品保證交割，會迫使其他地方的商品為了交割而流向交割倉庫所在的地方。另外，大部分商品尤其是農產品，消費地較分散，生產區域也並非集中於一個地方，適度分散可以適應生產或消費的現狀，吸引不同地區的企業參與套期保值。

中國目前上市的所有期貨品種，全部都設有異地庫（如表3-5所示），所以設立不止一個倉庫已經被業內證明是正確的。但是在具體數量的多寡上，並沒有一個行業的標準，它跟信息的易獲得程度、投資者的成熟度、交易所的管理能力、生產地或消費地的分散和集中程度、運輸能力等都有關係。

表3-5　期貨各品種全國交割倉庫數量統計表

品種名稱	所在交易所	倉庫數量	倉庫主要集中地
銅	上海	14	上海、江蘇
鋁	上海	20	上海、廣東、江蘇

表3-5(續)

品種名稱	所在交易所	倉庫數量	倉庫主要集中地
鋅	上海	17	上海、廣東、江蘇、浙江
鉛	上海	11	上海、廣東、浙江、天津
鎳	上海	6	上海、浙江
錫	上海	6	上海、廣東、江蘇
天然橡膠	上海	15	上海、天津、山東、海南
黃金	上海	6	極為分散（各銀行分行或支行）
白銀	上海	2	上海
螺紋鋼	上海	8	上海、江蘇、天津
線材	上海	8	上海、江蘇
熱軋卷板	上海	13	上海、江蘇、廣東、天津
燃料油	上海	8	廣東、浙江
瀝青	上海	8	江蘇、安徽
強麥	鄭州	14	山東、河北、江蘇、河南
普麥	鄭州	14	山東、河北、河南
棉花	鄭州	21	河南、山東、新疆、江蘇
白糖	鄭州	30	廣西、河北、山東、雲南、廣東、天津
PTA	鄭州	21	浙江、江蘇
菜籽油	鄭州	16	江蘇、安徽、湖北、四川、廣西
早秈稻	鄭州	11	江西、湖南
甲醇	鄭州	24	江蘇、山東、廣東、內蒙古
玻璃	鄭州	12	河北、山東、湖北
油菜籽	鄭州	11	江蘇、安徽、湖北
菜籽粕	鄭州	19	江蘇、安徽、廣東、福建

表3-5(續)

品種名稱	所在交易所	倉庫數量	倉庫主要集中地
動力煤	鄭州	19	河北、內蒙古、北京
粳稻	鄭州	7	黑龍江、遼寧
晚秈稻	鄭州	6	江西、湖北、安徽、湖南
硅鐵	鄭州	14	極為分散
錳鐵	鄭州	9	極為分散
玉米	大連	8	遼寧
玉米澱粉	大連	14	吉林、山東、遼寧
黃大豆1號	大連	13	遼寧、黑龍江
黃大豆2號	大連	7	遼寧、山東
豆粕	大連	26	廣東、山東、江蘇、天津
豆油	大連	21	天津、江蘇、山東、河北
棕櫚油	大連	21	天津、江蘇、廣東
雞蛋	大連	18	山東、河北、河南、江蘇、湖北
纖維板	大連	8	廣東、天津、江蘇、浙江
膠合板	大連	11	江蘇、浙江、天津、廣東、
聚乙烯	大連	18	天津、上海、廣東、浙江、江蘇、山東
聚氯乙烯	大連	14	廣東、浙江、上海
聚丙烯	大連	15	浙江、上海、廣東、山東、江蘇
焦炭	大連	14	天津、江蘇、山東、河北、山西
焦煤	大連	7	天津、山東、江蘇、河北、山西
鐵礦石	大連	11	天津、江蘇、山東、河北

資料來源：大連商品交易所、鄭州商品交易所、上海期貨交易所網站。

(二) 在主產區還是主銷區設置

在市場經濟中，市場需求是商品流動的原始動力，商品流向總是按照市場需要的變化而發生變化，期貨市場交割倉庫的佈局及設置，也應符合市場需求的原則，形成合理的交割網路。將上市交易品種的交割倉庫設在該商品的主產區、主銷區或者是中轉地，目的是希望為投資者提供就近交割的便利，降低運輸成本，吸引大量現貨商進入市場進行套期保值，當然也希望能有利於商品的合理流通，減輕期貨市場的實物壓力，實現期貨市場和現貨市場的連接。

期貨交易是現貨市場發展到一定階段的產物，前者必須以後者為基礎，但兩個市場之間還是存在一定的區別。在現貨市場中，每一個供貨商在提供商品時，需要考慮到當地市場的銷售情況，不管銷售地的運輸如何便捷與方便，當地的需求是決定性的因素，購貨商對商品是否購買有很大的選擇權。在期貨市場中，賣方只需要把符合交易所要求的商品送到指定的交割倉庫即可，並不需要考慮商品的銷售情況。實際上，空方只要在交割倉庫註冊倉單就已經完成了銷售，多方只能被動地收貨。所以，賣方會選擇對自己最有利的條件和商品來交貨。因此，在交割所在地庫容允許的情況下，可能會出現交割商品遠遠超過當地需求的情況，使得商品要到達消費者手中需經過迂迴運輸。所以交割倉庫的佈局直接關係到交割能否順暢，不僅需考慮市場對商品的需求變化，也需考慮產品的特點。

對農產品來說，生產受自然條件的限制，產區往往比較集中，銷區則比較分散，所以交割地在主產區設立的較多。如在鄭州商品交易所上市交易的粳稻，全國的主產區為東北，目前設立的7個交割倉庫主要位於該區域，其中黑龍江占3個，遼寧2個，吉林1個，北京1個。

中國的粳稻種植主要分佈在淮河以北的北方粳稻區、以江

蘇省為核心的江淮粳稻區和以雲南省為核心的雲貴高原粳稻區。北方粳稻區又包括東北、華北和西北粳稻區，其中最集中的則是東北粳稻區。近幾年以來，東北粳稻占全國粳稻的總產量基本上在60%以上，為淨輸出區域。在大米生產非常集中的情況下，加工企業的集中度也在提高，其中黑龍江年加工能力在10萬噸以上的企業在2014年達到102家，2009年卻只有41家。當基礎設施和其他條件如地質、地形、氣象條件能夠達到要求的前提下，選擇在主產區設庫可以極大地方便空方交貨，降低倉單的註冊成本，當然會增加多頭的註銷成本。對有些農產品如小麥、菜籽油來講，基本上呈現出主產區就是主銷區的情況，交割倉庫的設置則較為容易，且對多空雙方都便利。

對工業品來說，它不像農產品易受天氣和自然條件影響，產區相對來說不太集中，而且該市場買方更有話語權，也就是市場缺少的是買方而不是賣方，交割倉庫要發揮作用，就應當有更多的註銷倉單者。至於供貨方，可以通過調整升貼水來激勵空方來此交貨。所以金屬產品或工業品在主銷區設庫相對較多。

降低交割成本是期貨制度設計者永恆的目標。在現代期貨業中，各種不同的交割方法在市場中不斷被推出，有些逐漸被市場淘汰最后退出，有些則因為適應市場被保留了下來。廠庫交割因為能夠降低交割成本，免去將貨物運輸到指定交割倉庫的運輸成本、裝卸和短途倒運成本以及入庫檢驗成本等，能吸引現貨商的參與，方便企業掌握和運作，對於廠庫交割具體的選擇和要求將在下一章中專門進行分析。

第三節　商品期貨交割率分析

由於期貨市場的實物交割受到多種因素如現貨市場、合約

質量標準設計、交割規則、交易習慣、交割方式等影響，僅憑交割率來與國外市場進行比較，並據此判斷期貨市場是否成熟，在理論界一直存在著較大的爭議。但是從某種意義上講，期貨交割率作為一項相對指標，綜合反應了實物交割的運行情況。通過交割率的高低來評價期貨市場的發育成熟程度還是具有一定的科學性和適用性的。

目前，國際期貨市場上計算實物交割率的方法有四種：第一種是按交割量與交割地區可供交割庫存量的比例來計算；第二種是按交割量與成交總量的比例來計算；第三種是按交割量與月初空盤量來計算；第四種是按交割量與最高空盤量來計算。

美國學者安妮·派克與杰弗利·威廉斯對1964/1965—1988/1989作物年度芝加哥期貨交易所（CBOT）的交割量進行統計（如表3-6、表3-7所示），結果顯示，不同年度交割量的絕對水平相差很大，每組比例也較高，並且交割量遠遠大於人們所預想的水平。這是因為人們一般都認為交割量是微不足道的，而且從長期趨勢來說，每個市場的交割量水平是上升的。自1964年以來，每一交割月份的大豆交割量平均增加14.2萬蒲式耳，每年平均增加約100萬蒲式耳，而小麥的年平均增加量為40萬蒲式耳，玉米為70萬蒲式耳，與交易量的增長表現出一定相關性。

表3-6　　　　1964/65—1988/89作物年度交割量
平均占空盤量和庫存量的百分比（%）

	小麥	玉米	大豆
最高空盤量			
1964/65—1972/73	18.6	14.7	18.5
1973/74—1978/79	17.2	10.6	18.2
1979/80—1986/87	17.8	7.2	20.1
1987/88—1988/89	13.8	7.8	14

表3-6(續)

	小麥	玉米	大豆
交割月初空盤量			
1964/65—1972/73	47.1	36.7	41
1973/74—1978/79	60.2	31.8	43.1
1979/80—1986/87	63	23.4	59.8
1987/88—1988/89	55.7	31.5	44
交割地點自由買賣的庫存總量			
1964/65—1972/73	117.9	116.3	148.6
1973/74—1978/79	109.5	159.9	243.9
1979/80—1986/87	192.5	123.1	208.9
1987/88—1988/89	275.2	130.8	114.8

資料來源：安妮・派克，杰弗利・威廉斯．期貨交割［M］．趙文廣，張杭，等，譯．北京：中國財政經濟出版社，1998：13.

表3-7　1964/65—1986/87 CBOT 作物年度平均交割量

（單位：蒲式耳）

	大豆	玉米	小麥
1964/65—1972/73 的年平均交割量	1,300 萬	1,500 萬	900 萬
1973/74—1978/79 的年平均交割量	2,100 萬	2,300 萬	1,500 萬
1979/80—1986/87 的年平均交割量	3,800 萬	2,300 萬	2,100 萬
平均	2,400 萬	2,000 萬	1,500 萬
最高	11,900 萬	10,000 萬	10,200 萬
最低	6 萬	3 萬	3 萬

資料來源：安妮・派克，杰弗利・威廉斯．期貨交割［M］．趙文廣，張杭，等，譯．北京：中國財政經濟出版社，1998：13.

我們試圖按照美國學者的思路，分析期貨交割率在中國的實際情況。但是由於國內可供交割庫存量的數據很難統計並且

也不全面，同時通過三大商品期貨交易所網站也很難查到月初空盤量和最高空盤量的數據，因此，考慮到數據的可得性以及國內衡量交割的指標，本節將對各不同品種上一年度的交割率按以下兩種方式計算：

方式一：交割率＝該合約當月交割量÷當月成交量

方式二：交割率＝該合約當月交割量÷當月持倉量

目前，美國商品期貨市場按照方式一計算的交割率一般在1%以下，中國按照上述兩種方式計算的結果如表3-8至表3-10所示。從表中可以發現，不同品種、不同月份交割率差異較大，按照成交量計算的交割率，一般月份基本上都在1%以下，與美國市場相當。

1. 從交割量與成交量之比來看

中國的交割率總體上是比較低的，但不同品種之間還是具有自己的一些特點。上海期貨交易所的銅、鋁是上市比較早的期貨品種，發展也比較成熟。但由於有色金屬的參與者一般需要較大的資金量，市場上套期保值業務參與的人數也較多，所以銅、鋁的交割量也大。如銅在最高的4月份交割量達到8,080手，次之的是11月和4月，分別為7,965手和7,960手，但是因為成交量也高，所以整個的交割率顯得較低。鋁品種的交割量基本上每月都在10,000手以上，最高的9月份達到了16,340手，但該月交割率也只有1.12%。影響貴金屬金和銀的價格變化的因素很多，價格波動極大，交割量極其不穩定，如黃金在一年中有5個月沒有實物交割，可卻在6月和12月交割量都達到了3,000手以上。但是有一些品種，成交不太活躍，交割量極少，但交割率卻很高，如燃料油。部分原因可能是該年油價價格處於下跌趨勢，多頭入市積極性不高，造成了交易的冷清，在成交量極低的情況下，相對指標自然就高。

鄭州商品交易所上市的品種以農產品為主，此類產品中的棉花、菜籽粕、白糖、強麥交易活躍，成交量也大，伴隨的交割量

自然也高，但是交割率相對來說變化不大，一般都在0.3%以內。另一些品種如甲醇，交割量變化極大，當年有九個月份沒有交割量，一個月份交割量僅1手，另外有交割的兩個月份即1月交割量達到1,452手，5月交割量則為2,054手。如何解釋這種巨幅的變化呢？其中一個重要原因是2014年11月份，甲醚1505和1506合約以棋盤為主，但1501合約卻持續上漲，在11月20日漲停收盤之後，雖然其他月份合約持續大幅下跌，但1501合約依舊堅挺，12月初大幅拉漲之後，中旬連續出現了幾個跌停板，交易所強制平倉部分持有合約。另外，現貨市場原油持續下跌，國內甲醇供應充裕，傳統消費又低迷的情況下，期貨價格也很難上漲，空頭在1501合約價格持續下跌中，獲利甚豐。另外，1501合約與1505合約價差擴大，市場套利空間增加，也導致了有資質的貿易商和套期保值者及生產廠家進入市場套利。

　　大連商品交易所的品種既包括農業品，也包括工業品。作為膠合板的姊妹版，纖維板的交割量極少，但交割率卻最高達到了15.86%。這一方面說明市場上對膠合板的交易熱情高於纖維板；另一方面，2015年下遊的家具建材、電路板木板等需求難有大的起色，導致現貨市場價格一直低迷，期貨市場上成交也受到影響。其他交易活躍品種如玉米、玉米澱粉、豆粕、聚乙烯、聚丙烯等產品交割率基本上都在1%以下，但不同的月份交割量波動較大。

2. 從交割量與持倉量之比來看

　　按照持倉量計算的交割率，總體上來說大於按照成交量計算的交割率，並且部分品種部分月份差距極大。如7月份首次到期的錫品種，按成交量計算的交割率只有2.02%，但按持倉量計算則達到了51.55%，11月份的交割率分別為0.03%和0.7%，12月份則分別為0.02%和0.51%，相差都在25倍，其他月份也都在10倍左右，說明這些品種換手率較高，當然跟現貨市場也有關係。

表 3-8　上海期貨交易所 2015 年按成交量、持倉量計算的交割率

	1月			2月			3月			4月			5月			6月		
	交割量	交割率1	交割率2	交割量	交割率1	交割率2	交割量	交割率1	交割率2	交割量	交割率1	交割率2	交割量	交割率1	交割率2	交割量	交割率1	交割率2
銅	3,130	0.02%	0.33%	4,705	0.04%	0.61%	8,080	0.05%	0.98%	7,960	0.07%	1.05%	6,460	0.07%	1.08%	4,235	0.05%	0.80%
鋁	6,845	0.35%	1.76%	6,915	0.61%	2.10%	9,875	0.56%	2.98%	11,090	0.66%	3.20%	15,760	1.05%	4.97%	12,285	0.87%	3.56%
鋅	955	0.01%	0.34%	1,120	0.04%	0.42%	1,730	0.04%	0.70%	3,710	0.09%	1.20%	4,800	0.11%	1.76%	3,600	0.10%	1.30%
鉛	1,425	0.46%	4.57%	1,185	1.26%	3.99%	390	0.26%	1.55%	1,210	0.39%	3.72%	470	0.24%	1.49%	1,295	0.76%	3.79%
錫																		
鎳	30	0.00%	0.01%	15	0.00%	0.01%							120	0.00%	0.07%	3,765	0.16%	2.12%
黃金	2,160	0.01%	0.42%	716	0.00%	0.18%	674	0.00%	0.12%	712	0.00%	0.11%	1,068	0.00%	0.23%	6,704	0.03%	1.08%
白銀	9,037	0.06%	3.05%				455	0.00%	0.15%	39	0.00%	0.01%	1,328	0.01%	0.41%	315	0.00%	0.12%
天然膠	12	4.14%	18.18%													37	12.25%	41.11%
燃料油																13,208	1.67%	27.12%
石油瀝青	5,370	0.01%	0.19%	1,560	0.01%	0.06%	2,340	0.00%	0.08%	300	0.00%	0.01%	13,230	0.02%	0.45%	960	0.00%	0.03%
螺紋鋼							150	0.05%	0.42%									
線材																		
熱軋卷板	4,560	1.83%	12.11%										2,640	1.00%	6.73%			

表 3-8（續）

	7月			8月			9月			10月			11月			12月		
	交割量	交割率1	交割率2	交割量	交割率1	交割率2	交割量	交割率1	交割率2	交割量	交割率1	交割率2	交割量	交割率1	交割率2	交割量	交割率1	交割率2
銅	4,410	0.03%	0.59%	5,790	0.04%	0.97%	4,985	0.03%	0.83%	5,010	0.04%	0.83%	7,965	0.03%	1.02%	6,360	0.03%	0.82%
鋁	10,320	0.56%	2.72%	11,415	0.69%	2.92%	16,340	1.12%	4.58%	11,450	0.25%	1.87%	11,480	0.09%	1.48%	15,100	0.11%	2.17%
鋅	3,665	0.07%	1.28%	3,845	0.08%	1.28%	5,055	0.09%	1.50%	3,645	0.04%	1.10%	2,490	0.01%	0.56%	3,745	0.02%	0.91%
鉛	1,125	0.59%	3.19%	1,190	0.57%	3.23%	435	0.24%	1.37%	295	0.19%	1.08%	745	0.24%	2.44%	365	0.11%	1.06%
錫	1,332	2.02%	51.55%	122	0.52%	6.97%	300	2.39%	18.47%	228	0.65%	5.39%	32	0.03%	0.70%	34	0.02%	0.51%
鎳	2,970	0.02%	1.21%	744	0.01%	0.31%	11,736	0.06%	4.61%	774	0.01%	0.25%	762	0.00%	0.17%	786	0.00%	0.15%
黃金	12	0.00%	0.00%	36	0.00%	0.01%										3,078	0.06%	1.19%
白銀	1,112	0.00%	0.19%	270	0.00%	0.06%	1,798	0.01%	0.48%	2,792	0.24%	0.60%	3,284	0.02%	0.60%	15,556	0.12%	2.99%
天然膠	87	0.00%	0.04%	84	0.00%	0.04%	6,838	0.04%	2.84%	317	0.00%	0.08%	2,552	0.01%	0.75%			
燃料油				3	0.42%	5.36%	18	2.41%	45.00%	8	8.33%	44.44%						
石油瀝青				4	0.00%	0.01%	4,352	0.04%	8.45%							5,000	0.03%	2.37%
螺紋鋼	690	0.00%	0.02%	270	0.00%	0.01%	270	0.00%	0.01%	3,210	0.01%	0.08%	240	0.00%	0.01%	60	0.00%	0.00%
線材																		
熱軋卷板							30	0.01%	0.05%	2,550	1.64%	5.14%						

註：數據來源於上海期貨交易所網站。其中：①成交量、持倉量單位為手，雙向計算；②交割量單位為手，單向計算；③交割率1為交割量與成交量之比，交割率2為交割量與持倉量之比；④表中未填數字處表示該月交割量為0。

表 3-9　郑州商品交易所 2015 年按成交量、持仓量计算的交割率

	1月			2月			3月			4月			5月			6月		
	交割量	交割率1	交割率2	交割量	交割率1	交割率2	交割量	交割率1	交割率2	交割量	交割率1	交割率2	交割量	交割率1	交割率2	交割量	交割率1	交割率2
一号稻	4,464	0.10%	0.91%				3,716	0.12%	1.09%	3,972	0.08%	0.62%	11,948	0.24%	2.28%			
玻璃	4	0.00%	0.00%													364	0.01%	0.17%
晚籼稻	155	13.27%	30.16%										54	18.37%				
甲醇MA				10	0.01%	0.15%				1	0.00%	0.02%				21,829	0.07%	4.70%
甲醇ME	1,452	0.41%	14.24%										2,054	119.28%				
菜籽油	2,775	0.17%	1.41%				3	0.00%	0.00%				4,335	0.41%	2.57%			
早籼稻	218	19.16%	41.76%				1,733	0.00%	0.09%									
菜籽粕	1,627	0.00%	0.12%										3,900	0.01%	0.21%			
硅铁	7	0.33%	2.65%															
锰硅	3,682	67.73%	86.07%				902	0.00%	0.09%				18,722	0.09%	1.87%			
白糖	31,794	0.11%	2.81%	338	0.00%	0.02%	451	0.00%	0.02%	200	0.00%	0.01%	77,582	0.18%	5.19%	130	0.00%	0.01%
PTA	10,141	0.03%	0.60%										1,625	0.26%	3.89%			
动力煤	5,250	2.53%	14.95%										2,105	19.61%	81.02%			
优质强筋小麦WH	5,011	21.60%	57.18%				1,049						4,452					
优质强筋小麦WS	11,135																	
硬白小麦WT	3,891						876						1,026					

表 3-9（續）

	7月			8月			9月			10月			11月			12月		
	交割量	交割率1	交割率2	交割量	交割率1	交割率2	交割量	交割率1	交割率2	交割量	交割率1	交割率2	交割量	交割率1	交割率2	交割量	交割率1	交割率2
一號棉	688	0.02%	0.16%				2,608	0.11%	0.56%				232	0.01%	0.04%			
玻璃	130	0.00%	0.08%	15	0.00%	0.01%	240	0.00%	0.09%									
甲醇MA							3,205	0.01%	0.61%									
菜籽油							5,185	0.38%	2.73%									
菜籽粕	661	0.00%	0.08%	1,050	0.00%	0.17%	2,116	0.01%	0.34%				515	0.00%	0.08%			
油菜籽	15	0.04%	0.33%	3	0.01%	0.19%	1,924	302.52%	427.56%									
白糖	892	0.00%	0.12%				26,055	0.06%	2.51%				623	0.00%	0.04%			
PTA	228	0.00%	0.02%	354	0.00%	0.04%	102,084	0.27%	12.12%	418	0.00%	0.04%	305	0.00%	0.04%	321	0.00%	0.03%
動力煤							200	0.12%	0.85%									
優質強筋小麥WH							189	0.24%	0.65%									

註：數據來源於鄭州商品交易所網站。①合約交割量、持倉量、成交量單向計算；②交割量為單向計算，持倉量和成交量為雙向計算；③交易所將優質強筋小麥由每手50噸改為20噸，交割量單位為張；④交割率1為交割量與成交量之比，交割率2為交割量與持倉量之比；⑤表中未填數字處交割量為0，如果某品種1～6月或7～12月無交割量，則該行不列出，動力煤全年無交割量，所以未在上表中列出。

表3-10　　大连商品交易所2015年按成交量、持仓量计算的交割率

	1月			2月			3月			4月			5月			6月		
	交割量	交割率1	交割率2	交割量	交割率1	交割率2	交割量	交割率1	交割率2	交割量	交割率1	交割率2	交割量	交割率1	交割率2			
玉米	4,160	0.79%	2.89%							6,009	0.99%	3.67%						
玉米淀粉							52	0.01%	0.18%	236	0.09%	1.38%						
豆一	13,713	1.13%	8.51%	3	0.00%	0.00%	3	0.00%	0.00%	13,018	0.84%	10.63%						
豆粕	4,490	0.02%	0.26%	116	0.00%	0.00%	116	0.00%	0.01%	8,839	0.04%	0.34%						
豆油	5,301	0.11%	1.15%	27	0.00%	0.00%	27	0.00%	0.00%	6,445	0.07%	1.05%						
棕榈油	7,420	0.17%	2.36%							1,203	0.01%	0.25%						
鸡蛋	1	0.00%	0.00%	1	0.01%	0.09%	1	0.00%	0.00%	21	0.00%	0.04%						
纤维板	107	0.34%	6.79%	55	0.01%	0.09%	55	0.72%	9.79%	186	5.06%	47.81%	3	0.20%	0.86%			
胶合板	1,155	1.04%	16.49%	270	1.68%	9.33%	212	1.39%	9.22%	122	1.70%	12.25%						
聚乙烯	671	0.01%	0.18%	2	0	0	16	0.00%	0.00%	1,502	0.02%	0.58%	47	0.00%	0.02%			
聚氯乙烯	768	0.53%	2.22%							419	0.26%	2.61%						
聚丙烯	4,753	0.07%	0.07%	3	0	0	42	0.02%	0.02%	10,425	0.17%	3.22%	44	0.00%	0.01%			
焦炭	6,530	0.50%	9.59%							180	0.01%	0.19%	10	0.00%	0.01%			
焦煤	2,100	0.19%	2.39%							6,600	0.24%	4.76%						
铁矿石										2,500	0.01%	0.38%	300	0.00%	0.04%			

表 3-10（續）

	7月			8月			9月			10月			11月			12月		
	交割量	交割率1	交割率2	交割量	交割率1	交割率2	交割量	交割率1	交割率2	交割量	交割率1	交割率2	交割量	交割率1	交割率2	交割量	交割率1	交割率2
玉米	86	0.00%	0.02%				36,182	0.54%	4.68%				36	0.00%	0.00%			
玉米澱粉	127	0.06%	0.64%				4,124	0.67%	7.30%									
豆一	9	0.00%	0.01%				4,052	0.30%	4.66%				20	0.00%	0.00%			
豆粕	435	0.00%	0.03%	900	0.00%	0.07%	1,699	0.01%	0.16%				29	0.00%	0.00%	41	0.00%	0.00%
豆油							10,009	0.15%	2.78%				5	0.00%	0.00%	4	0.00%	0.00%
棕櫚油							14,245	0.13%	3.97%									
雞蛋							22	0.00%	0.03%	8	0.00%	0.01%	11	0.00%	0.00%	1		
纖維板	112	15.36%	78.87%	2	0.07%	0.45%	143	43.87%	123.28%				72	101.41%	160.00%			
膠合板																		
聚乙烯	103	0.00%	0.04%	52	0.00%	0.02%	3,602	0.04%	1.33%	6	0.00%	0.00%	7	0.00%	0.00%	7	0.00%	0.00%
聚氯乙烯							1,419	2.08%	7.57%									
聚丙烯	62	0.00%	0.03%	33	0.00%	0.02%	1,668	0.02%	0.78%									
焦炭				10	0.00%	0.02%	2,300	0.32%	4.67%									
焦煤							1,100	0.13%	2.77%									
鐵礦石				600	0.00%	0.07%	800	0.00%	0.08%							100	0.00%	0.01%

註：數據來源於大連商品交易所網站。其中：①交割量、成交量、持倉量單位為手，單邊計算；②持倉量為該月日均持倉；③交割率1為交割量與成交量之比，交割率2為交割量與持倉量之比；④表中未填數字處表示該月交割量為0，4月無實物交割。

第四章 商品期貨交割方式

　　交割方式從本質上來說就是期貨市場與現貨市場的對接機制。這種對接機制應該做到兩點：一是交割暢通，保證交割商品能夠順利地註冊成倉單、註銷倉單以及車船板交割方式下的貨物在買賣雙方間順利交收；二是交割成本和管理費用應該盡可能降低，盡可能做到在現貨交收方式之外不增加額外的交收成本，以促進期現貨價格趨合。[①]

　　商品期貨的交割方式多種多樣，按照不同的標準可以分成不同的類型。國內曾經出現的交割方式有現貨實物交割、標準倉單交割、現金交割、差價交割、協商交割、期轉現、車船板交割、提貨單交割、廠庫交割、保稅交割等。國外除了有上述部分交割方式外，還有其他一些特殊的交割方式如期貨轉掉期、備用交割程序等。各種方式不僅有各自的特點，並且在應用中又有交叉的地方。中國三大交易所目前實行的交割中並沒有現金交割和差價交割，因此，實務中不管用何種方式進行交割，最終的結果都是賣方交割貨物，買方付款後獲得貨物，所以商品期貨的交割最終指的都是實物交割。

　　期貨市場的交易者可以簡單地分為投機者和保值者，投機者的交易量遠遠大於保值者的交易量。在進入或即將進入交割

[①] 冷冰，王宗芳. 國外典型金屬期貨交割方式研究 [N]. 期貨日報，2013-02-04（004）.

月之際，期貨交易者有兩種選擇：一是對沖手中持有的合約以免除到期履行合約的責任；二是在到期月履行合約，承擔責任，執行交割平倉。因此，實物交割對平衡投機者和保值者兩者之間的關係至關重要。在實物交割中，多頭要有足夠認購資金，空方必須備有足夠的現貨，並且實物交割量通常不高於現貨庫存水平。下面將對中國目前的交割方式進行探討。

第一節　集中交割和滾動交割

按照交割的時間不同，期貨市場的交割方式分為集中交割和滾動交割。

一、集中交割

集中交割又稱一次性交割，是指在合約最后交易日后，交易所組織所有未平倉合約持有者進行交割的交割方式。一般在最后交易日，買賣雙方一次性交割，倉單與貨款同時劃轉。

在集中交割的最后交易日后，交易所會對所有未平倉合約進行平倉，平倉價按一次性交割的結算價計算。其中大連商品交易所的交割結算價為該期貨合約交割月第一個交易日起至最后交易日所有成交價格的加權平均價。上海期貨交易所的天然橡膠交割結算價為該合約最后五個有成交交易日的成交價格按照成交量計算的加權平均價，其他品種則為該合約最后一個交易日的結算價。鄭州商品交易所的交割結算價為期貨合約配對日前十個交易日（含配對日）交易結算價的算術平均價。

集中交割一般在三個交易日內完成，分別稱為第一交割日、第二交割日、第三交割日。每一個交易所的集中交割流程在操作上存在一些區別。如大連商品交易所要求在第一交割日（又

稱為倉單提交日）中，賣方會員應當將與其交割月份合約持倉相對應的全部標準倉單交到交易所，閉市后，交易所公布各交割倉庫交割品種與標準倉單數量信息。第二交割日（又稱為配對日）中，買方可以根據交易所公布的信息，提出交割意向申報。買方可以申報兩個交割意向，包括第一意向和第二意向。其優先性順序為：對任一買方，先考慮其第一意向，第一意向未得到滿足或未全部得到滿足，再考慮其第二意向；對任一交割倉庫，先考慮將該倉庫作為第一意向的買方，若有剩餘倉單，再考慮將該倉庫作為第二意向的買方。配對結果一經確定，買賣雙方不得變更，交易所通過會員服務系統發送給買賣雙方會員，會員服務系統一經發送，即視為已經送達。第三交割日（又稱交收日）閉市前，買方會員應當補齊與其交割月份合約持倉相對應的差額貨款，閉市后，交易所將賣方會員提交的標準倉單交付買方會員。目前大連商品交易所所有上市的商品期貨合約均適用一次性交割。

上海期貨交易所所有品種都採用集中交割，要求在第一交割日中，除了賣方交標準倉單外，買方還需向交易所提交所需商品的意向書。第二交割日按照「時間優先、數量取整、就近配對、統籌安排」的原則分配標準倉單。第三交割日買方交款和取單，賣方收款。同時要求在第四和第五交割日賣方交增值稅專用發票。

鄭州商品交易所自2008年3月起，所有品種採用滾動交割的變形，即進入交割月后第一個交易日至最后交易日下午（通用標準倉單和非通用標準倉單在最后交易日，賣方提出交割申請的截止時間上稍有不同），持有交割月合約、標準倉單或車（船）板交割貨物的賣方可在每個交易日下午規定時間之前，通過會員服務系統提出交割申請，但如果買方無申請，則不配對，所有未交割配對、未平倉的持倉在交割月最后交易日集中配對。

在期貨價格高於現貨價格的情況下，買方不會主動回應，所以鄭州商品交易所目前的交割形式實際表現類似於集中交割。

集中交割相對來說手續比較簡單，在規定的時間交易所對未平倉合約按結算價格平倉，集中配對和統一組織交割，交割效率高。在期貨價格高於現貨價格有「多逼空」的可能性時，相對於滾動交割來說，集中交割中多頭更容易成為主力的跟隨者形成聯盟。這是因為在集中交割的情況下，一旦市場出現不利局勢，散戶具有船小好掉頭的優勢，市場只要有一點流通性就可以反向平倉出局，所以散戶很容易形成堅定的跟隨者，如此眾志成城，多逼空的概率就會提高。

實物交割中除了運輸費用和現貨產品的購買價格外，通常還有倉儲保管費等。為了降低交割費用，賣方會傾向於延後入庫，從而造成交割的集中，有可能超出交割倉庫的庫容能力。同樣的原因，接到倉單的買方也有可能集中到倉庫提貨，倉庫因出入庫能力不足或其他原因，會延長出庫時間。對於某些價格波動特別大的產品，出庫時間非常敏感，會因為出入庫速度引起客戶與交割倉庫的矛盾。

二、滾動交割

滾動交割是指在進入交割月后的每一個交易日，由持有標準倉單（已凍結的除外）和交割月單向賣持倉的賣方客戶主動提出，並由交易所組織匹配雙方在規定時間完成交割的交割方式。

大連商品交易所的部分品種如黃大豆1號、黃大豆2號、豆粕、豆油、玉米、玉米澱粉合約既可以採用集中交割，也可以採用滾動交割，交割結算價為該期貨合約滾動交割配對日當日結算價。該所規定上述期貨合約中的賣方均可在交割月的第一個交易日至第九個交易日通過會員向交易所提出交割申請，

提出交割申請的相應持倉和倉單予以凍結，其賣持倉對應的交易保證金不再收取。同時持有單向買持倉的買方也可在交割月第一個交易日至最后交易日前一交易日閉市前向交易所申報交割意向。申報交割申請的該日稱為配對日。配對日閉市后，交易所按照「申報意向優先、含有建倉時間最早的持倉優先」原則，確定參與配對的買方持倉，再以倉庫為單位匯總賣方申報交割的倉單數量，在買方和倉庫之間按照「最少配對數」原則進行配對，配對結果及滾動交割信息隨配對日結算單通過會員服務系統發送給買賣雙方會員。會員服務系統一經發送，即視為已經送達，配對結果不能更改。配對日后（不含配對日）第二個交易日為交收日，交收日閉市之前，買方會員須補齊與其配對交割月份合約持倉相對應的全額貨款，辦理交割手續。交收日閉市之后，交易所將賣方會員提交的標準倉單交付買方會員，將貨款的80%付給賣方會員，余款在賣方會員提交了增值稅專用發票后結清。

滾動交割流程儘管與集中交割相似，但由於在交割月的任何一個交易日買賣雙方都可提出交割申請，因此對交易所來說，交割工作更為複雜。但是相比較集中交割來說，滾動交割對促進期貨價格向現貨價格趨合，降低交割成本，減少交割風險更具有優勢。

商品現貨市場由於受供應、天氣狀況、運力、信息等因素影響，很難形成全國集中性的交易，也就很難形成權威性的現貨價格。如果採用滾動交割，完成一次交割需要三個工作日，一般遠小於交割當月第一個交易日至最后交易日的時間，所以在交割月中接到倉單的買方又可以交割出去。連續多次交割一方面增加了市場的可供交割量，使買賣雙方在多次的博弈中實現價格的均衡，從而促使期貨價格趨向於現貨價格，實現期貨市場的價格發現功能。另一方面，交割量比較小的品種，滾動

交割更有利於減少交割風險。這是因為在商品期貨市場上，資金的流動速度比商品的流動速度要快。投機者利用錢比貨多，憑藉雄厚的資金實力，通過大量持有多倉抬高期貨價格，使持有空倉的交易者無法選擇平倉，從而在交割月無法完成交割以達到逼倉的目的，獲取暴利。但是在滾動交割中有多逼空的趨勢時，多方很難形成堅定的同盟，存在「囚徒困境」的博弈。投機主力並不想接到現貨，只是希望跟風的散戶來承擔實盤壓力。而且投機主力一旦交割接到實物，在現貨市場處理實物不僅要花費成本，並且自己可能並不擅長處理現貨產品以致產生較大的經濟損失，所以最好的辦法是立即把接到的倉單又用於交割。並且擔心在「擊鼓傳花」的遊戲中接到最後一棒，部分意志不堅定的多頭就會擇機平倉出局，這樣就會瓦解多頭聯盟，從一定程度上減少交割風險。

在中國的商品期貨市場上，由於有限倉和強制性平倉以及臨近交割月提高保證金的規定，所以在交割月或臨近交割月，交易一般都很清淡，期貨合約流動性差。並且在快到交割月時，影響商品價格的因素逐漸明朗，因此投機者會選擇平倉出局。所以持有到交割月的合約以實物交割為目的的較多。由於交割當月的任何一個交易日都可申請交割，賣方就可選擇在自己最有利的情況下申請交割，以降低交割成本。買方接到倉單後，可根據自己的情況選擇提貨時間。在交割倉庫庫容有限、交割量大的情況下，可以減緩交割倉庫出入庫的壓力。

第二節　期貨轉現貨

期貨轉現貨（以下簡稱期轉現）是指持有同一交割月份合約的交易雙方通過協商達成現貨買賣協議，並按照協議價格了

結各自持有的期貨持倉，同時進行數量相當的貨款和實物交換。具體來說，買賣雙方要進行期貨轉現貨，需要符合以下條件：第一，持有相同品種、相同到期月份的合約，數量相等，方向相反。第二，必須在規定的時間申請期轉現。中國上海期貨交易所規定的期限是從該合約上市之日起至交割月份最后交易日前二個交易日（含當日）止。大連商品交易所期轉現的期限為該合約上市之日起至交割月份前一個月倒數第三個交易日（含當日）。雞蛋品種的時間與該所其他上市品種不同，且只允許非標準倉單期轉現，期限為該合約上市之日起至最后交易日倒數第四個交易日（含當日）。鄭州商品交易所規定期貨合約自上市之日起到該合約最后交易日期間，均可進行期轉現，對於最后交易日下午不交易的品種，交易所當日不辦理相應的期轉現。第三，買賣雙方要協商一致。即雙方要有意願按同意的價格進行期轉現，並同時向交易所申請。第四，賣方有相應倉單，買方需有足夠的貨款，如果是用非標準倉單進行期轉現的，應當提供相關的買賣協議和貨款的支付證明或交易所規定的其他證明材料。

　　期轉現是期貨交易發展過程中產生的一種特殊的交割方式。它允許交易者在場外就交割的具體事宜如價格、交割地點、產品質量等非合約條款進行交易，滿足了交易者特殊的目的或者需要。它最早產生於美國市場，隨后在其他國家得到了廣泛的應用。如美國的芝加哥期貨交易所、芝加哥商業交易所、明尼阿波里斯穀物交易所、紐約商品交易所、紐約商業交易所、倫敦國際金融交易所、倫敦國際石油交易所等，都允許期轉現的交割方式。

　　中國的鄭州商品交易所早在1996年就開始對期轉現進行研究，2001年9月1日正式推出期轉現交割方式。推出當年，普麥WT111合約辦理期轉現業務就達到40筆，數量達到44,190

噸，參與會員22家，客戶41個，占交易總量的0.22%，占該合約交割總量的54%。上海期貨交易所在2000年6月推出了適用於標準倉單的期轉現交割辦法，2001年4月又經過修改和完善，將其適用範圍擴大到非標準倉單。大連商品交易所則於2004年6月在豆粕期貨品種上首次推出期貨轉現貨交易，在總結經驗的基礎上，為提高業務辦理效率，於2016年3月29日實行網上辦理期轉現業務，會員單位可通過該所網站的「電子倉單系統」辦理此項業務。

期貨轉現貨的優勢在於：

首先，使買賣雙方可以靈活地選擇交貨地點、時間和品質。期貨合約是標準化的條款，合約中的內容如交割時間、交割地點、交割等級、交割標準、履約方式等都是標準化的，並以公開的規定而固定下來。但現貨市場中商品的品種、類別、等級、層次千姿百態，各種各樣。工業品或化工能源產品因為是大規模生產，品質相對容易確定；中國的農產品許多都是小規模作業或農戶單干，規模化程度低，產品質量更是千差萬別。因此，期貨品種的單一性與現貨市場商品的多元性形成不可調和的矛盾。現實中，經常會發生這種事情，即想參加套期保值的企業所生產的產品，按照交易所的規定不能夠交割，所以也就不選擇通過期貨市場來避險。或者是買賣雙方都在同一個地區，都選擇在期貨市場進行套期保值，賣方所生產的產品也是註冊產品，買方也正好需要這個產品，但是為了交割，賣方必須把產品運到交易所指定的交割倉庫，買方也不得不從交易所指定的交割倉庫提貨，既費時費力費錢，還並不一定拿得到自己需要的品牌。這是因為對任何一個上市品種來說，交割產品雖然是標準化的，但只要符合要求的替代品也可以用來交割，從而造成了可交割產品及品牌的多樣性。再加上指定交割倉庫的分散性，使得誰也無法確定自己到底拿到的是何種品牌或具體某個

等級。期貨轉現貨則允許交易者進行非合約條款交易，買賣雙方既可以選擇交易所的標準倉單進行交易，也可以選擇非標準倉單交易，還可以在非交割地點進行交割，並不需要等到交割月交貨，從而極大地增加了交割規則的靈活性，滿足了交易者不同的偏好和需要，使套期保值者最大限度地實現保值目的。

其次，可以提高資金的利用效率。期轉現不僅可以使生產商、加工商和貿易商規避價格風險，而且可以提高資金的利用效率。這是因為期貨是保證金交易，具有槓桿作用。當某個生產商需要購買某種產品時，如果預測價格是上升的，為了減少價格上漲對他的影響，可以選擇在現貨市場直接購買，這樣就需要一次支付全部貨款，即使推遲支付，正常情況下展期一般也不會太長，因此占用了大量資金。而且購買的商品需要支付倉庫保管費用和保險費用，甚至還有庫存損耗。但是選擇期貨交易，按照中國目前的保證金比例，生產商只需要支付貨款的一部分即可。期轉現還可以根據生產商的需要分批分期地購回原料，減輕了資金壓力，也減小了庫存量，提高了資金的使用效果。同樣的原理，直接生產商品期貨實物的生產廠家、農場、工廠等手頭有庫存產品尚未銷售，或即將生產、收穫某種商品期貨實物，擔心日後出售時價格下跌；儲運商或貿易商手上有庫存產品尚未出售，或者是他們已簽訂將來以特定價格買進某一商品但尚未轉售出去，擔心日後出售時價格下跌。這兩種情況，通過期轉現，除了可以避免價格下跌的風險，還可以按照原先的經營計劃順利地完成銷售計劃，有利於快速回籠資金和提高資金週轉速度。

最后，有利於降低交割成本。通過期貨市場進行實物交割的雙方，除了需要支付產品運送和運出指定交割倉庫的運輸費外，還有其他的費用如質檢費、交割手續費、倉儲費、商品出入庫費、雜項作業費等，同時期貨合約是標準化產品，對產品

的包裝都有嚴格的要求，這些都會增加交割的成本。期轉現中，買賣雙方可以根據自己現貨經營特點和要求選擇有利於自己的時點、地點，不必把商品運送到倉庫或從倉庫運出，節省了大量的運輸費用和倉庫保管費用。特別是在非標準倉單的期轉現中，貨物交收方式更加靈活，對產品的包裝和質量要求只要雙方能達成協議便可，有利於節約搬運、整理和包裝等費用。上述節省的費用中，買方可從協議中獲得價格減讓的好處。另外，如果期貨合約中實物交割的量非常大，容易造成期貨價格的大幅波動。在這種情況下，想要套期保值的用戶很難實現目標價位，從而帶來損失。但是通過期轉現，買賣雙方所持合約可以通過協議價格平倉，可以避免上述不利影響。

在實踐中，儘管期轉現有許多優點，但是它也存在一些不足，表現在：

第一，時間成本比較高。期轉現並不是在一個公開的平臺進行競價，選擇該種方式交割的雙方不僅需要持有相同品種的合約，而且到期月份是相同的，除此以外，還需要就其他的條款如價格、交貨方式、質量等達成協議，否則就無法實現交易。對於小規模生產的企業特別是農戶來說，由於獲得的信息有限，在市場上要找到進行期貨轉現貨的對手，一般要花費較多的時間。因此，如果交易所能統一建立一個相關信息平臺，使有選擇期轉現意向的客戶，通過平臺發布信息，則可節約大量的時間成本。目前交易所已推出這一項工作，如鄭州商品交易所的客戶供求信息可通過所開戶的會員公司代理在交易所的期轉現供求信息表中發布，發布內容包括報價日期、品種、合約月份、買賣方向、期貨平倉價、倉單期轉現價、非倉單期轉現價、會員號、會員單位、聯繫人，信息內容為最近一個月的。當大量的買賣信息集中在一起，需要進行期轉現的客戶非常容易找到另一方，極大地提高了實現期轉現交割的效率，也有利於這樣

一種方式的廣泛推廣。

第二，非標準倉單的期轉現風險較高。對於標準倉單的期轉現，當買賣雙方向交易所申請批准后，其持倉一般由交易所在審批日的當日閉市之后，按買賣雙方達成的價格平倉（三大交易所在平倉時間和結算價格上有一些區別）。交易雙方還需要按照交易所的規定繳納保證金，票據和貨款需在規定的時間完成，由交易所為期轉現的雙方辦理倉單過戶。因此，標準倉單期轉現的倉單交收和貨款支付由交易所負責辦理，保證了合約的履行。但是在非標準倉單的期貨轉現貨中，目前三大交易所的規定是貨物交收和貨款支付由交易雙方自行協商確定，交易所對此不承擔保證責任，手續費按交易手續費標準收取。這種規定實際上是讓進行現貨交收的期轉現的交易雙方自行承擔對方違約的風險。在中國這樣一個信用機制不太完善的市場裡，如果交易雙方沒有一定程度的瞭解和穩定的合作關係，他們是不可能積極進行期轉現的。那些具有長期貿易夥伴關係的現貨商之間，因為相互瞭解，基於傳統習慣、經濟依存和私人友誼或互相信賴的原因等，違約風險較低，因此非標準倉單的期貨轉現貨在他們中間應用得更廣泛一些。

總的來說，期貨轉現貨交割的突出特點是靈活、節約交割成本，尤其是非標準化倉單的期轉化，優勢更加明顯。根據中國及國外相關的交割資料，可以看到，選擇該種交割方式的雙方在現貨上是貿易夥伴的較多，非現貨貿易夥伴達成交易的難度相對來說要大得多。同時，在中國目前的交割費用偏高的情況下，市場更應積極宣傳和推廣期貨轉現貨這種交割方式。

第三節　標準倉單交割及非標準倉單交割

標準倉單在第三章已專門論述，這裡不再重複。那麼什麼是非標準倉單呢？非標準倉單是與標準倉單相對的概念，是現貨市場中的倉單，即指保管人應存貨人的請求而簽發的以給付一定的物品為標的的一種有價證券。倉單一般包括下列內容：存貨人的名稱或者姓名和住所；倉儲物的品種、數量、質量、包裝、件數和標記；倉儲物的損耗標準；儲存場所；儲存期間；倉儲費；倉儲物已經辦理保險的，其保險金額、期限以及保險人的名稱；填發人、填發地和填發日期。

事實上，標準倉單與非標準倉單沒有本質差別。因此，可以把標準倉單理解為符合交易所事先規定的商品貨物標準及其規定格式的非標準倉單。所以本章把具體的交割形式合在一起論述，如倉庫交割即有標準倉庫倉單，也有非標準倉庫倉單，本質內容都是一樣，所以不再單獨分析。

一、倉庫交割

倉庫交割是指賣方通過將指定交割倉庫開具的相關商品倉庫倉單轉移給買方以完成實物交割的交割方式。它是最古老且應用最廣泛的一種交割方式。中國目前上市的期貨品種中，除了大連商品交易所的玻璃實行廠庫交割、動力煤實行車船板及廠庫交割外，其他所有品種都可以通過倉庫來完成交割。

中國三大商品期貨交易所對交割流程的規定，具體細節上稍有區別，但總的來說差別不大。具體來說包括交割預報、商品入庫、驗收、指定交割倉庫簽發、交易所註冊等環節。倉庫交割實施過程中的要點有以下幾點。

1. 交割商品品質的認定

實物交割發生糾紛最多的環節就是商品質量，交易所對倉庫交割的入庫、出庫質量標準和檢測都有非常詳細的規定，如果發生糾紛，可申請進行復檢。

賣方提交交割預報並經交易所安排指定交割倉庫后，貨主就可把符合交易所標準的商品向指定的交割倉庫發貨。當交割商品入庫時，倉庫應當委託交易所指定的質量檢驗機構對入庫商品的質量進行檢驗，貨主應到場進行監督，驗收結果須經雙方認可。倉庫、貨主應對驗收結果簽章確認，並共同對入庫商品的真實性負責，只有經過雙方簽章確認的才可以用於交割。如果賣方或交割倉庫對入庫檢驗結果有異議的，可以在規定時間內向交易所申請復檢，復檢機構一般由交易所指定，復檢只能進行一次。

當買方憑《提貨通知單》提貨時，出庫商品的質量檢驗由貨主與倉庫共同實施。如果買方對商品質量有異議的，可向交易所申請復檢一次，如果是由質檢機構檢驗的項目，由交易所指定質檢機構進行復檢，其結果作為解決爭議的依據。

2. 交易所承擔倉庫違約風險

交易所與交割倉庫之間的法律關係，國內存在幾種不同觀點，它們分別是委託代理民事法律關係、行政法律關係、居間性質的關係、民事法律關係。在期貨市場發展早期，交易所為了規避自身風險，一般在與期貨經紀公司簽訂的協議中規定，交易所對交割所發生的一切問題不承擔任何責任，期貨經紀公司則規定，客戶發生交割，經紀公司只是傳遞關係。因此，交易所與交割倉庫早期在權、責、利規定方面存在諸多劃分不清的地方。事實上，如果交割倉庫發生問題，交易所最多也只能對它處罰了事，一旦發生質量糾紛，交割倉庫則會推脫說商品的內在質量不是倉儲部門的事情。上述交割問題不僅給期貨交

割管理帶來了難題，也抑制了實體企業或貿易商參與期貨市場的積極性。

　　事實上，為了減少交割風險和規範管理，並減少交易所自身所承受的風險，在明確交割倉庫和交易所各自的權利義務關係外，一旦發生違約事件，交易所應當承擔違約風險。這是因為在期貨市場上，每一筆期貨交易的產生，買方或者賣方都無法知道對方的身分，而且期貨交易所集結算與清算職能於一身，不像證券市場有中國證券登記結算有限責任公司統一結算，這也決定了交易所要承擔履約責任。

　　目前，隨著交割的逐漸規範，交易所在如何降低交割風險方面已經形成了一套規範，也就是說，倉庫交割的每一個環節包括入庫、出庫、質量標準、質量檢驗等都有交易所的參與，並且上述規則及流程都是由交易所制定並最終決定。按照交易所規定程序由指定倉庫簽發的標準倉單本質上是一種流通工具。它可以作為借款的質押品，也可以用於交割或轉讓等。因此，交易所作為倉庫交割的最後一道防線，當任何一方不能如期履行期貨合約規定的義務時，交易所均代為履行，未代為履行的，應當承擔賠償責任。當然交易所在代為履行合約時，享有向不履行義務的一方追償的權利。

　　交易所為了減少自身所處的風險，除了對上述交割環節所涉及的質量、出入庫流程、質量檢驗進行具體規定外，對交割倉庫也有具體要求。只有行業中信譽好、規模大、具有一定經濟實力的倉庫才有可能成為交割倉庫。並且，交割倉庫需要繳納保證金，買賣雙方需繳納交割預報定金等。

　　儘管倉庫交割存在一些缺點如交割費用高、增加了買賣雙方貨物出入庫途中的運輸費用等，但不可否認，它在中國商品期貨市場中佔有極重要的地位，也是中國最主要的實物交割方式。其重要性表現在以下幾個方面。

1. 倉庫交割是交易所上市合約必不可少的條件，是確定合約基準價的依據

倉庫交割作為中國實物交割中最基本的形式，正常情況下，所產生的交割最能反應報價的真實性。在交割月，所有影響商品價格的因素都已經確定，正常的健康的交割可以避免期貨價格脫離現貨市場的供求情況波動，造成上述結果的原因是商品可以在期貨市場和現貨市場流動。如果現貨價格過高，期貨價格過低，超過兩者之間正常的價差，買方接貨的意願就會較強，接到貨后不再傾向於在期貨市場再賣出，賣方手上的倉單也會減少，因為他從現貨市場組織貨源用來交割是一件得不償失的事情，這種情況一直要持續到期貨價格上升到正常水平為止。反之，如果現貨價格過低，期貨價格過高，價差有利於空頭部位者交貨的時候，現貨商品向期貨市場流動，結果是倉單數量增加，直到增加到期貨價格跌到正常水平的時候為止。

倉單的變化也影響遠期商品的供求，是因為對部分生產商來說，其所生產的產品存在著季節性或者生產週期，只能在未來的某個時候才能交割商品。在交割之前，產品的供給和需求存在時間上的空當，即時間上的非連續性。如果倉儲費用較低，部分商品就會被存入倉庫，這些多餘的商品會流入期貨市場。而另一部分生產者可能存在需求空檔，可以實質上地暫時借入多餘的商品。上述過程可以拉平供給和需求的波動，導致單個生產者面臨的未來供給成為明確的、實際存在的、隨時間變動的一條連續的曲線。

2. 定點倉庫的服務是交易所服務的延伸

如果沒有實物交割，期貨市場就完全成了一個投機的市場，這個市場將成為投機大戶和資金大戶操縱市場的樂園，廣大中小的投機者成為他們的刀下肉。所以說，實物交割是連接期貨市場和現貨市場的橋樑。這一功能主要是通過交割倉庫來完

成的。

實物商品的接收、儲存、保管、發運業務是專業性極強的工作，理論上來講，這些具體工作都可以由交易所完成。但考慮到中國上市品種已達到 40 餘個，要在全國設立幾百個倉庫，對交易所來說不僅成本高，而且也很難發揮自己的優勢。倉庫作為專業從事倉儲和保管等業務的機構，不僅具有規模優勢，也具有管理優勢，同時也為交易所節省了大量新設立交割倉庫的成本。

實踐中，中國上市交易的大部分期貨品種在全國不同區域都會設置少則幾家多則一二十家的交割倉庫。在此基礎上，為了進一步提高服務於實體經濟的能力，交易所根據交割的關鍵問題，兼顧現貨市場的情況會進行一些創新。如鄭州商品交易所在 2014 年年底提出在新疆設置棉花中轉倉庫的方案，創新性地推出中轉倉庫交割。所謂中轉倉庫交割，是指賣方通過將中轉倉庫開具的相關商品中轉倉單轉移給買方以完成實物交割的交割方式。由中轉倉庫簽發的倉單與標準倉單一樣，可以用於交割、轉讓、充抵保證金等。中轉倉單與倉庫標準倉單既有共同點又有區別。共同點是中轉倉單在交割單位、檢驗方式、檢驗機構、交割標準、期轉現方式、自主配對交割方式、倉單充抵保證金、銀行質押等方面均與標準倉單相同；不同的地方則是中轉倉單不能參與合約最后交易日閉市后的強制性撮合配對，而且存放地、存放條件不同（中轉倉單一般漏天存放，標準倉單房式倉存放）。目前，中國所有上市的品種中只有鄭州商品交易所的棉花可以實行中轉倉庫交割。2015 年 12 月 2 日，鄭州商品交易所生成了首張棉花期貨中轉交割倉單。註冊方新疆尉犁縣中良棉業公司是一家涉及棉花育種、加工、科研和相關機械製造在內的全產業鏈涉棉企業，註冊會員為美爾雅期貨公司，承接本次交割業務的是銀星物流有限責任公司。

中轉倉單的成功註冊，標誌著鄭州商品交易所推出的、具有創新意義的中轉倉庫交割順利完成了全流程運行，實現了棉花期貨服務實體經濟的又一次創新，提高了新疆實體企業參與期貨市場分散風險的積極性。這是因為在以前，新疆的涉棉企業如果要進行套期保值，新疆棉花必須運至內地交割倉庫才能進行公檢，經檢驗達標後才可註冊為期貨倉單。但是新疆棉花運送至內地倉庫存在運輸時間、質量能否達標等許多不確定性因素，導致以前新疆倉單占倉單總量的比例一直偏低。在新疆設置棉花期貨交割中轉庫，不僅有助於新疆棉花生產者積極參與棉花期貨交易，減少生產者及流通企業對註冊倉單不確定性的顧慮，更有利於棉花目標價格政策的落實，也降低了棉花流通環節的風險，方便了倉單的形成。

二、提貨單交割

提貨單交割是指在交割月前一個月的規定時間內，由買賣雙方主動申請、經交易所組織配對並監督、按照規定程序進行貨物交收的實物交割方式。提貨單交割由大連商品交易所首創，在鐵礦石 I1405 合約上首次執行。大連商品交易所選擇鐵礦石進行創新，原因是鐵礦石單位價值較低，同時中國對進口鐵礦石的依存極大，相當數量的進口通過水運到達港口，如果鐵礦石像其他商品一樣運送到指定交割倉庫，相同的交割成本對鐵礦石期貨影響會更大，交割成本偏高會降低交易雙方參與交割的意願。交易所使用提貨單交割可以節省出入庫、短倒、逆向物流等費用，提高交割效率，有利於更好地服務於實體經濟。當然，按照大連商品交易所的規定，鐵礦石也可以採用廠庫標準倉單或倉庫標準倉單交割，從而增加了套期保值者的選擇余地。

傳統的交割方式下，買賣雙方的機會是均等的，符合條件的任何一方想要交割，只要持有期貨合約至最后交易日，雙方

提出交割申請，不需要獲得對方的回應，就都可以實現交割。因此交割的觸發條件較為寬泛，而且賣方有交割選擇權，買方一般處於不利的位置。提貨單交割則是買方先提意向，賣方回應后，方能進入交割環節，所以只有在對雙方都有利的情況下，才能觸發交割，因此不會對某一方造成不利的影響。而且提貨單交割比期貨轉現貨更能節約搜尋成本和談判成本。

提貨單交割的交貨地點由交易所指定，一般在港口或碼頭。與傳統的倉單比較，提貨單的內容差別不是很大，都是賣方簽發給買方的實物提貨憑證。具體包括買方名稱、賣方名稱、存貨港口名稱、貨物名稱、數量、品質、存放地點、貨物狀態（完稅商品或保稅商品）、簽發日期等。提貨單的內容需經過買方、賣方、存貨港口蓋章確認。

提貨單交割流程主要包括配對環節和交收環節。配對環節相對來說比較簡單，但是時間的規定比較嚴格，只能在交割月前一個月第十個交易日至交割月前一個月第十四個交易日期間由買方提出。配對的流程如下：交易日如果有買方提出交割意向，交易所在閉市后公布買方的申請數量和地點；賣方客戶在買方提意向申請的第二個交易日下午14：00以前，可以提交交割申請（該日為配對日）；交易所在該日公布配對結果，閉市后，交割配對持倉按結算價平倉，買賣雙方可協商貨物交收事宜；通知日（是指船預計到港或在港貨物驗收前三個自然日，若第三個自然日不是交易日，則提前至上一個交易日）閉市后，交易所通過電子倉單系統發送給買方會員，通知日后第三個自然日（如不是交易日，順延至下一交易日），買賣雙方需補足不足的款項，交易所從相應會員的結算金準備金中劃轉。

交收環節與傳統的標準倉單交割流程相比要複雜一些，當然跟實際的貿易相比，增加了交易所和第三方質檢機構。所以在提貨單交割中，涉及的交割主體包括交割雙方、期貨公司、

交易所、質檢機構及存貨港口（由交易所指定的交割港口）。多了層監管和質檢之后，增強了貨物交收環節的安全性。

與倉單交割比較，提貨單交割除了在交割時間上的規定更嚴、交割條件上不屬於強制性交割、交割費用更低以外，在其他方面也有一些區別：①交割主體。兩者在交割主體上相差不多，但提貨單交割涉及港口，主要是為了「海漂貨」落地，確定提貨港口。而在倉單交割中，涉及港口則是因為交割貨物要出入港口，且在安排貨物出入庫和質檢方面，交割倉庫承擔的職責更多。②質量檢驗。倉單交割由交割倉庫選擇質檢機構，檢驗費用由賣方負擔。當買方對出庫產品有質量異議時，則由買方指定質檢機構復檢，如果結果和之前結果的差異處於合理範圍，則復檢費用由買方承擔，否則由交割倉庫承擔。在提貨單交割中，買方選擇質檢機構，費用也是由買方承擔。如果有異議復檢時，交易所指定質檢機構復檢，如果結果和之前結果的差異處於合理範圍，則復檢費用由賣方承擔，否則由買方承擔。③交割流程。倉單交割是先將貨物入交割倉庫，進入第三方監管處，然后再配對、交收，且配對后至貨權實際轉移的時間很短。提貨單交割是先配對，后交付，尤其是「海漂貨」落地的時候，配對后離貨權實際轉移還有一段時間，因為貨物到港后完成報關等手續後，才能完成交付。

提貨單交割既然是大連商品交易所在交割制度方面的創新，那麼創新的效果如何呢？按照交易所的規定，鐵礦石 I1405 合約將首次實行該種交割方式，從現實情況來看，結果並不盡如人意。至 2014 年的 4 月 15 日，大連商品交易所成功首批收到的鐵礦石提貨單買方意向申請，分別為日照港 800 手、連雲港 400 手、青島港 400 手，但是由於沒有賣方申請，最后無法成交。另外，從 2014 年和 2015 年的交割情況來看，鐵礦石的交割都是倉單交割，基本沒有提貨單交割，這使得市場對這樣一種創新

的關注度顯著下降。究其原因，一方面跟現貨市場有關係，另一方面則也跟合約本身的設計有關係。

首先，從合約本身的設計來看，最低4萬噸（400手）的交割量規定過高。鐵礦石期貨自2013年10月18日上市以來，交投氛圍較為活躍，運行穩健，各合約進入交割月後，期貨價格向現貨價格趨合較好，因此，期貨市場和現貨市場之間缺少套利空間。在這種情況下，當臨近交割月時，現貨企業商通常會選擇移倉換月，導致進入交割月時持倉超過400手的賣方客戶不多，滿足交易所交割條件的客戶人數就更少。按照交易所的規定，提貨單交割由買方申請后，需有賣方申請才能配對，當賣方客戶人數不足時，自然會影響交割率。數據顯示，在I1405、I1409、I1501合約提貨單申請期內，賣方滿足提貨單交割申請持倉要求的客戶數僅分別為3個、6個和9個，分別只占合約一般法人客戶數的13.9%、21.6%和19.2%。另外，在中國鋼鐵行業普遍虧損的情況下，許多企業資金鏈緊張，一次購買太多更會加大現金流的壓力。另外在現貨市場，鋼鐵商單筆成交在1萬~2萬噸的占比最高。在該種交割方式不被交易者回應的情況下，交易所於2015年10月23日對鐵礦石期貨交割細則進行了修訂，將提貨單交割的最小單位從4萬噸或其整數倍降至1萬噸或其整數倍，新規則自I1601合約開始執行。交易所的出發點是希望隨著交割門檻的降低，在提貨單本身交割費用比倉單交割更有優勢，現貨市場價格趨低，交易商對交割成本敏感的情況下，能夠增加雙方尤其是賣方入市交割的積極性，從而更好地服務於實體經濟。

其次，鐵礦石現貨市場價格的變化趨勢也影響了交割的積極性。近年來，大宗商品價格下跌趨勢明顯，更因為中國經濟增速放緩和全球鐵礦石供應增加，鐵礦石價格也難逃下跌的命運，在一定程度上降低了客戶利用提貨單交割進行規避價格風

險的積極性。比如，2014年由於融資礦的存在，港口現貨價格基本上比「海漂貨」價格要低。如果客戶利用提貨單交割對「海漂貨」進行套期保值，需要對船期準確預估、規避違約風險，對其時間節點控制的要求相對較高。但由於目前的規定對交割的觸發條件較嚴，因此賣方在進入交割環節時，從成本、風險控制方面考慮更傾向於直接通過港口入庫進行鐵礦石交割。另外，價格下跌雖然對買方有利，可以降低採購成本，但是提貨單交割在配對日交割結算價就已經確定了。但商品實物所有權的轉移需要時間，在熊市格局下，銷售和採購節點不匹配的話，買方就會面臨貨物貶值風險。從這個角度來說，買方的熱情也會受到影響，除非買方可以進行提前銷售或鎖價。

當然，在實踐中，部分客戶對規則的理解不夠深刻，以為提貨單交割只能用「海漂貨」交割，實際在鐵礦石期貨合約及交割制度中，是允許使用港口現貨以提貨單交割的形式參與交割的。因此對於想參與提貨單交割的客戶來說，在制度的利用方式上是十分完備的，完全可覆蓋、把控住如船期不確定性等現貨市場變化產生的風險。

三、廠庫交割

廠庫交割是指賣方通過將指定交割廠庫開具的相關商品標準倉單轉移給買方以完成實物交割的交割方式。2004年大連商品交易所首次在407豆粕合約實行廠庫交割制度，之后經豆油、棕櫚油推廣。目前，可以用廠庫進行交割的品種已經占中國全部期貨上市品種的一半以上。其中上海期貨交易所實行廠庫交割制度的品種有螺紋鋼、線材、石油瀝青、熱軋卷板。大連商品交易所實行廠庫交割制度的品種有豆粕、豆油、棕櫚油、焦炭、焦煤、鐵礦石、雞蛋、膠合板、玉米澱粉。鄭州商品交易所實行廠庫交割制度的包括甲醇、菜粕、晚秈稻、粳稻、白糖、

PTA、硅鐵、錳硅、玻璃、動力煤,其中玻璃期貨採用完全廠庫交割方式。

玻璃期貨是目前中國唯一只採用廠庫方式進行交割的產品,原因是該品種在包裝運輸過程中以架為單位,質量和體積均較大,並且現貨市場的購買者習慣於直接從生產廠家拿貨。玻璃單位價值較低,儲存時需要大面積的室內廠房,導致倉儲費用較高,這是因為玻璃如果長時間在室外儲存會發生霉變。所以除了生產企業以外,交易所很難在市場中找到滿足條件的交割倉庫。基於以上原因,玻璃採用廠庫交割是比較理想的方式。在現實中,並不是每一種期貨品種都適合於廠庫交割,適合廠庫交割的品種一般價值較低、倉儲不足、需求個性化明顯,同時,申請成為廠庫交割的企業必須要保持全年的連續生產。

豆粕是中國最早實施廠庫交割的品種。但廠庫交割並不是由大連商品交易所首創,它是在借鑑美國芝加哥期貨交易所交割制度的基礎上引進過來的。20世紀90年代以前,美國芝加哥、聖路易斯及托利多是大豆、玉米的集散地,玉米和大豆主要通過鐵路首先從生產地運到集散地,再從集散地運送到消費地,基於現貨市場的物流方向,芝加哥期貨交易所在上述三地都設置了交割倉庫。20世紀90年代以后,國家放開了對汽運和船運的政策管制,沿河興建了很多轉運站用於存儲商品,公路運輸和水路運輸逐漸占據著越來越重要的地位。同時,大豆和玉米的生產及消費格局也發生了很大的變化,生產和消費企業點對點貿易方式逐漸興起。這種情況下芝加哥的集散中心地位開始削弱,所以交易所對原先的交割規則進行了修改,交割地點從以芝加哥為中心的倉庫轉向依利諾依河部分流域的轉運站,交割憑證從以前的定點倉庫出具的以實物為依據的倉單,改為以轉運站出具的基於轉運站裝運率的裝運憑證。豆粕期貨之所以成為首批實行廠庫交割方式的產品,是因為該品種對儲存保

管要求較高。當天氣較熱和潮濕時，豆粕的新鮮度、色澤和質量都會受到影響，如果時間一長，靠近地面或者木頭排子的一層有可能發霉變質。以前實行的倉庫交割方式，存在交割成本過高以及無法滿足客戶對交割豆粕的品質要求，加之點對點貿易在現貨市場中比較普遍，所以現貨商對參與期貨市場的積極性不高。在吸收和總結芝加哥期貨交易所沿河交割制度的基礎上，大連商品交易所創新性地推出了廠庫交割方式，並且對廠庫交割廠商的日發貨速度、買方的提貨速度等方面進行了明確和詳細的規定。

不同交易所在廠庫交割制度的規定上，本質上都是一樣的，但是對不同的具體品種稍有差異。總的來說，廠庫交割流程相對於倉庫交割來說要簡單一些，包括的環節也少，區別主要是倉單的生成與提貨流程有所不同。在生成倉單環節，倉庫交割包括交割預報、商品入庫、驗收、指定交割倉庫簽發、交易所註冊等環節；廠庫交割包括廠庫簽發和交易所註冊等環節。兩者相比，廠庫交割省去了交割預報、商品入庫、驗收三個環節。在倉單提貨環節，如果是倉庫交割，貨主需要在《提貨通知單》開具規定的工作日內（一般在 10 日內）到倉庫提貨，而且貨主需在實際提貨前（一般為 3 天）通知倉庫；如果是廠庫交割，《提貨通知單》一般在開具 3 日內，廠庫和貨主就需要進行發貨和接貨。廠庫發貨不得低於最低日發貨速度，貨主則要在規定的時間內完成所有貨物的接收。兩者相比，在廠庫交割中，廠庫的發貨速度和時間以及貨主的提貨時間需要按交易所規定執行。

廠庫交割制度「以廠代庫」的交割方式，使得它沒有倉庫作為中間方來代替商品的驗收入庫和收發職能，採取的是以廠庫信用為保障、在最后交割環節交易雙方直接見面來履行合約。因此只有規模大、財務狀況良好、信譽度好的企業才有可能成

為廠庫交割的企業。同時為減少交割風險和平衡買賣雙方利益，交易所在具體制度上做了很多規定，使得它具有許多優勢和獨有的特點。

1. 成本低

雖然廠庫交割與倉庫交割一樣，都要遵循期貨交割的一般規律，其所形成的倉單都可以用於交割、轉讓、提貨、質押以及交易所規定的其他用途。但是廠庫交割下，廠家並不需要把商品運到指定的交割倉庫，產品也並不需要指定質檢機構進行檢驗，因此節約了運輸費用、質檢費用、裝卸費用、短途倒運費用及其他費用等。而且，廠庫交割遵循就近原則，大大緩解了交割的運輸壓力。另外，它不需要進行交割預報、入庫和驗收，提高了交割效率，節約了交割時間。

2. 交易所對廠庫交割負有全程監督責任，並承擔交割風險

按照規定，廠庫簽發廠庫標準倉單前，須向交易所提交簽發申請。申請內容包括品種、牌號、商標、會員單位、貨主名稱、擬申請簽發倉單數量等。並且廠庫在提交簽發廠庫標準倉單申請之前或同時，須按有關規定向交易所提供經交易所認可的與核定庫容相對應的擔保。中國目前實行的是100%比例的現金或更高比例的銀行保函，當產品價格發生較大波動時，交易所還可根據市場變化情況要求指定廠庫調整先前確定的擔保。只有在交易所核定庫容並且廠庫提供了符合規定的擔保情況下並經交易所審核之后，交易所才有可能簽發廠庫標準倉單。

當然現實中，廠庫倉單從簽發到最后產品真正交收，中間會有一個時間間隔。由於廠庫倉單從本質上來說是一種信用倉單，當市場價格上漲時，廠庫企業自然而然會放慢發貨的速度，而當價格下跌時，廠庫企業則會加快發貨的速度。同樣的原理，價格下跌對買方不利時，買方也會採取各種理由消極接貨。為避免上述情況發生，交易所對廠庫的日出庫速度進行了規定，

如果廠庫不按照最低發貨速度發貨，即使在規定時間內發完全部貨，廠庫也被認定為違約。另外交易所對買方的接貨速度也進行了規定，如果賣方按照正常的速度發貨，但是因為買方原因沒有把貨物及時運出，這時候算買方違約。

交易所要求廠庫提供必要的擔保，以保證廠庫有能力履約。除此之外，如果廠庫因為某種原因無法履約，交易所作為廠庫交割的最后一道防線，有責任向買方履行合約義務，或者退還貨款，以保障貨主的合法權益。為了降低交易所自身的風險或者廠庫無法履約的風險，交易所對廠庫實行了最大倉單註冊量的規定，並且廠庫根據的日常加工能力和庫存狀況及裝運能力，可以調整最大倉單註冊數量。

3. 企業成為交割廠庫可增加銷售渠道並獲取經濟收益

交割廠庫是一種稀缺的市場資源。企業成為交割廠庫能夠極大地增加自身在行業中的地位。沒有成功申請為交割廠庫的企業如果想要進行實物交割，基本上要麼選擇通過註冊倉庫，要麼選擇通過註冊廠庫來完成。當成為交割廠庫的企業如果想要套期保值時，可以選擇自己企業的交割庫作為倉單註冊地，節省了運輸、出入庫等環節費用，提高了套期保值收益。

另外，企業成為交割廠庫可以增加倉儲收益。這是因為商品期貨出入庫和倉儲環節中，需要收取一定的費用，這些費用比現貨市場同樣條件的標準要高。而且，當現貨市場銷售低迷時，只要有交易對手，企業就可以在產品還未加工時簽發倉單，將產品註冊為倉單到期貨市場進行銷售，從而增加了銷售渠道。一些時候，現貨市場價格與期貨市場價格會發生背離，在這個時候，現貨企業如果能夠利用倉儲、期貨、現貨市場進行期現套利，則會有機會獲取無風險的收益。而一旦企業成為交割庫，那麼就會極大地方便這無風險套利活動，獲得穩定的收益。

四、車船板交割

車船板交割是指賣方在交易所指定的交割計價點將貨物裝至買方汽車板、火車板或輪船板，完成貨物交收的一種實物交割方式。它由鄭州商品交易所在廠庫交割和倉庫交割的基礎上，結合大宗商品的貨運特點，旨在增加交割靈活性、降低交割成本，同時為現貨商提供更多選擇權和業務回旋余地的一種創新的交割方式。鄭州商品交易所明確規定在該所上市的普麥、菜籽、動力煤實行車船板交割。當然，考慮到現貨市場的特點和交易者的交割習慣，普麥和菜籽也可通過倉庫進行交割，動力煤可通過廠庫進行交割。

車船板交割由交易所確定交割計價點。交割計價點是指車船板交割時由交易所指定的用於計算雙方各自應承擔交割費用的地點。在交割計價點交割，以指定計價點買方車船板的交貨價為基準價，買賣雙方只能選擇交易所在該區域指定的交割倉庫或者其他交割服務機構來進行，並且需要對上述機構支付費用，對買賣雙方來說費用較高。但是交易所規定交易雙方可以協商交割地點。只要達成協議的，雙方便可以按照協議裡約定的地點進行交割。因此，正常情況下雙方一般會協商從賣方貨物存放地直接將貨物發往買方，以降低雙方費用。雙方只有在協商不成的情況下才會選擇在交割計價點交割。

車船板交割方式是鄭州商品交易所在 PM1301 合約上首次實施的，自推出以來，以貼近現貨市場、能實現買賣雙方共贏而受到歡迎。2013 年 8 月，鄭州商品交易所在 PM1307 合約上完成了首筆車船板交割，雙方分別是荊州好好吃米業有限公司與陝西建豐經貿有限公司。根據資料，在 2013 年 7 月 12 日的最后交易日，鄭州商品交易所的普麥交割系統就完成了 1 手配對，賣方提交貨物信息顯示計價點是南京，但貨物卻在荊州，配對

后，買賣雙方沒有協商在貨物所在地荊州交貨。7月15日，買方提交了《交割事項確認單》，選擇在計價點倉庫南京鐵心橋庫中轉，賣方也予以確認。7月19日，賣方會員向鄭州商品交易所交割部門提出申請報告，報告中說明買賣雙方已協商一致，貨物不再拉到計價點倉庫中轉，雙方自行處理貨物，並委託交易所結算完成交收。7月23日，賣方在會員服務系統提交交收申請，買方確認交收價格為2,331元/噸（交割配對自動完成日的結算價），完成了此次車船板交割。上述車船板交割從本質上來說，相當於由實物交割轉變為現金交割，實現了兩方的共贏。這是因為根據當時的現貨市場情況，如果賣方把小麥從存貨地運至計價點倉庫中轉，總計運費在102元/噸（船舶運費60元/噸、短駁費30元/噸、中轉費12元/噸）左右。所以賣方主動給買方讓利69元/噸，自己還節省了33元/噸的費用，同時規避了貨物拉到計價點倉庫的質量風險。對於買方來說，獲得的69元/噸的讓利降低了其在現貨市場的採購成本，也使其得到了好處。

除了普麥的成功交割外，動力煤期貨也實現了成功交割。2013年9月26日上市的動力煤期貨在2014年1月的首次交割中，配對量達到275手，全部為車船板交割。首筆交割的雙方為江蘇錦盈貿易和內蒙古伊泰煤炭股份有限公司，其重要意義在於為國企未來參與期貨市場探索出了一條新路子。動力煤應用極為廣泛，是一種通過燃燒來利用其熱值的煤炭品種的通稱。當庫存時間較長，動力煤發熱值會下降，所以交易所對該品種採取了車船板交割為主、廠庫交割為輔的方式。這樣不僅可以節省勞動力，也能保證品質，同時更貼近現貨市場。目前交易所車船板交割指定的港口有9個，全部為動力煤現貨市場的主要中轉和集散地。

車船板交割方式之所以受到歡迎是因為它具有許多優點如：

一是指定交割計價點附近的現貨企業無須將貨物拉到指定交割倉庫即可交割，可以降低交割環節的物流、管理和時間成本，擴展交割區域，使期貨市場更貼近現貨市場，也便於廠商更直觀地利用期貨市場套期保值；二是降低交割成本，促進期現貨價格趨合，有利於市場功能的發揮；三是實行車船板交割的同時，標準倉單交割方式同時存在，以方便現貨企業參與期貨時利用期貨倉單融資，緩解資金壓力。

事實上，在期貨市場中，進行實物交割的買賣雙方以實現共贏為目標，但有時候也有被動交貨、接貨的。這樣被動交貨、接貨的一方往往會在交割時挑起事端，引起不必要的糾紛。交易所推出的車船板交割可以有效地解決這種矛盾，這是由於車船板交割可以讓雙方充分協商達成一致。如果出現難以達成一致意見的情況，雙方可以選擇在計價點倉庫進行中轉，維護雙方權益。

自進入交割月的第一個交易日至最後交易日的每一個交易日，持有交割月合約的賣方會員都可在規定的時間申請車船板交割，申請時需同時提交相應的擬交割貨物信息。其中普麥和菜籽需提交的信息包括品種、等級、數量、生產年度、交割計價點、貨物存放點等；動力煤需提交的信息包括交割數量、交割地點（具體到港口某公司）、收到基低位發熱量、干燥基高位發熱量、干燥基全硫、干燥基揮發分、全水分、干燥基灰分、灰熔點、煤種（如為混煤則須註明摻混煤種）、產地以及該批動力煤的檢測報告等。在買方會員在規定時間回應賣方會員交割申請后，交易所在該市閉市後配對（該日稱為配對日）。配對日后的下一個交易日為通知日，買賣雙方通過交易所會員服務系統確認《交割通知單》。通知日后下一交易日上午9點之前，買方會員應當將全部貨款劃入交易所帳戶。買賣雙方自通知日后規定時間，對車船板交割貨物的交收事宜進行協商，辦理交收。

配對日至最后交貨日次日，交易所按雙方確認情況進行結算。

車船板交割沒有註冊倉單存在，所以買賣雙方在商品入庫的重量及質量方面不存在問題，如有，也是發生在雙方交收貨物時。但是在其他環節，它還是存在重量及質量或發貨速度的問題的。交易所對相關問題的規定如下：

1. 重量

交易所規定重量檢驗採用發貨地過地磅稱重或雙方認可的其他計量方式驗重，買賣雙方有權對計量衡器的準確性進行確認。動力煤重量檢驗由交易所指定質檢機構或計量機構進行，雙方協商一致的除外。如果買方使用船舶接貨時，重量計量通過水尺確認，無法水尺計重時，由指定質檢機構依據實際情況選擇地磅或皮帶秤計重；買方通過車輛接貨，重量計量通過地磅確認，裝車船完畢后，質檢或計量機構應及時出具裝車船重量證明書，作為交割貨物重量的判定依據。

動力煤之外的其他品種，貨物發運時，買方應到場驗收並監裝。雙方對計量衡器有異議時，應停止交接貨物，並書面通知交易所。交易所組織國家計量技術監督部門現場檢測計量衡器，相關費用（包括差旅費、交通費、檢測費等）由過錯方承擔。貨物發運完畢后，根據每天雙方簽字確認的交接過磅碼單，經核准累計后，買賣雙方簽署《數量驗收確認單》。

2. 質量

交易所規定普麥和菜籽在貨物裝車發運前，買方應到場查驗貨物質量，賣方應予以配合，買賣雙方按照國家相關標準共同扦取樣品，就地分為兩份，任選一份在現場或雙方認可的地點共同檢驗，另一份雙方共同簽字封樣，作為發生質量爭議時的復檢樣品。動力煤交割檢驗在裝車船過程中進行，由買方選擇、賣方委託交易所指定質檢機構按照移動煤流採樣法進行採樣，雙方協商一致的除外。質檢機構在採、制樣結束后，將樣

品分為四份，由買賣雙方、質檢機構三方簽字確認后封存。

　　買賣雙方對檢驗結果無異議的，該檢驗結果作為貨物質量判定的依據。雙方對檢驗結果有協議的，應協商解決。協商不一致的，按照交易所的規定對留存樣品進行復檢，復檢只能進行一次，復檢結果為貨物質量判定的依據。貨物質量達不到交割標準的，賣方應及時更換貨物，無法更換貨物的，買賣雙方可協商處理，協商不一致的，貨物按照「交割違約處理」的相關規定處理。最終貨物質量以每次檢驗結果及所發貨物數量的加權平均值核定。鄭州商品交易所規則特別規定，驗收完成后，買賣雙方簽署《質量驗收確認單》。《質量驗收確認單》為交割貨物質量判定及升貼水處理的依據。

3. 運輸

　　買賣雙方未按約定的發運時間、發運速度交收貨物，造成延誤的，首先協商解決。協商不成的，守約方可以向交易所提出補償申請，並提交相應證據。交易所經核實后，對過錯方扣罰滯納金補償給守約方。由於不可抗力導致商品裝運推遲的，可以順延。

第五章　商品期貨交割的制度創新方向

第一節　中國經濟新常態的特點及表現形式

　　2008年始發於美國的金融危機，極大地改變了全球的經濟格局，使得全球的經濟運行和經濟結構、治理與監管都發生了很大的變化。在此之後，一個刻畫危機發生後全球經濟新變化及新特點的詞「新常態」頻繁出現，並成為危機發生後新特徵的專用名詞。

　　「新常態」一詞最早在2002年出現於西方媒體中，原指無就業增長的經濟復甦。2009年年初，全國最大的債券基金——美國太平洋投資管理公司（PIMCO）兩位首席投資官比爾・格羅斯和穆罕默德・埃利安借用2002年開始在美國出現的「新常態」一詞形容金融危機后世界經濟的變化。2010年，穆罕默德・埃利安在題為《駕馭工業化國家的新常態》的報告中正式提出后危機時代之深度調整意義上的「新常態」。「新常態」的特徵有：增長乏力，失業率持續高企，私人部門去槓桿化，公共財政面臨挑戰，經濟增長動力和財富活力從工業化國家向新興經濟體轉移。當然，上述特徵指的是最有可能發生的，而並

不是必然發生的。

2014年5月,習近平在河南考察時引用「新常態」一詞,指出,中國發展處於重要戰略機遇期,我們要增強信心,從當前中國經濟發展的階段性特徵出發,適應新常態,保持戰略上的平衡心態。此次考察中,他還提出了中國經濟「三期疊加」的判斷,即自2009年以來,中國經濟基本結束了長達30餘年的高速增長,進入了增長速度換檔期、結構調整陣痛期以及前期刺激政策消化期三期疊加的階段。

2014年7月29日,在中南海召開的黨外人士座談會上,習近平再次提到「新常態」,提出要正確認識中國經濟發展的階段性特徵,進一步增強信心,適應新常態,共同推動經濟持續健康發展。

2014年11月在北京舉行的亞太經合組織(APEC)第22次會議上,習近平首次系統闡述了「新常態」的幾個特點:一是從高速增長轉為中高速增長;二是經濟結構不斷優化升級,第三產業、消費需求逐步成為主體,城鄉區域差距逐步縮小,居民收入占比上升,發展成果惠及更廣大民眾;三是從要素驅動、投資驅動轉向創新驅動。

2014年12月5日,習近平主持召開中央政治局會議時強調,中國進入經濟發展新常態,經濟韌性好,潛力足,回放空間大,為明年和今後經濟持續健康發展提供了有利條件,同時,也要看到,經濟發展新常態下出現的一些變化使經濟社會發展面臨不少困難和挑戰,要高度重視、妥善應對。

2015年12月9日至11日召開的中央經濟工作會議提出要科學認識當前形勢,準確研判未來走勢,必須歷史地、辯證地認識中國經濟發展的階段性特徵,準確把握經濟發展新常態。認識新常態、適應新常態、引領新常態,是當前和今後一個時期中國經濟發展的大邏輯。從中國經濟發展的現狀來看,「新常

態」將成為國家未來經濟改革和制定發展政策的新出發點。

一、增長速度由高速向中高速轉變

中國經濟從 1978—2011 年長達三十二年的時間裡保持了年均接近 10% 的兩位數增長，創造了世界經濟的奇跡。2013—2015 年，中國國內生產總值年均增長率為 7.3%，儘管增速有所回落，但中國依然是世界經濟增長的最重要引擎；2013—2015 年中國對世界經濟增長的貢獻率平均約為 26%，也是世界第二大經濟體。

經濟運行具有週期性循環變化的規律。在經歷過高速增長後，許多產品已經由供不應求轉變為供過於求。經濟增長由高速增長向中高速增長、潛在增長率下滑的新常態是必然存在的事實。

縱觀第二次世界大戰后經濟保持高速增長的國家，無一例外的其經濟經過一段時間后增速都會放緩。如日本 1950—1972 年國內生產總值（GDP）年均增速為 9.7%，1973—1990 年回落至 4.26%，1991—2012 年更是降至 0.86%，當然，2015 年 GDP 保持了增長勢頭，名義 GDP 增長 2.5%，實際 GDP 增長 0.4%。韓國 1961—1996 年，GDP 年均增長 8.02%，但 1997—2012 年僅為 4.07%。臺灣地區在 1952—1994 年，GDP 年均增長 8.62%，1995—2013 年降為 4.15%。雖然中國經濟有所放緩，但由於經濟體量大，2015 年國內生產總值達到 67.67 萬億元，所以每增長一個百分點，其所代表的體量還是相當大的。

中國並不是一個成熟的市場經濟國家，在向成熟的社會主義市場經濟體制轉軌的過程中，供給端和需求端的紅利正在衰退。從供給端來看，勞動力數量下降且成本上升，儲蓄率下降，資源環境消耗過大，靠簡單的投資擴張產能拉動經濟的方式已不再可行。從需求端來看，外資退潮，外需減弱，國際貿易保

護主義有抬頭可能，金融危機導致全球經濟遭遇重創，世界經濟在緩慢地復甦。

儘管世界和中國經濟遇到很多困難，但中國依然處於有利的戰略機遇期。從國際形勢來看，和平與發展仍然是時代的主旋律，未來相當長的一段時間內，世界整體和中國都會保持和平的大環境。另外，在金融危機下，歐美發達國家的經濟實力已有所下降，且復甦緩慢，而中國及一些新興經濟體回升較快。中國與歐美國家的對比關係已發生變化，中國已成為世界經濟增長的重要引擎。從國內來看，中國有充足的外匯儲備，儲蓄體量大，國家財政實力雄厚，發展的內在動力充沛，全社會就業率基本穩定。雖然 GDP 增速下滑，但還是保持了 6.5% 以上的中高速增長。而且，中國正在協同推動新型城市化、工業化、信息化、農業現代化，鼓勵創新和創業，淘汰落后產能，這些都為國家經濟提供了強勁的增長動力。

二、產業結構由中低端向中高端轉變

在過去 30 余年的經濟高速發展中，中國產業結構的變化趨勢是：第一產業占比下降，第二產業比重迅速上升，第三產業緩慢增長。在此過程中，大量的青壯年勞動力以及其他資源從第一產業即農業、種植業中，向第二產業即工業、製造業、建築業轉移，實現了國民經濟財富的迅速增加，取得了舉世矚目的成就。這得益於工業勞動生產率遠大於農業。

但是，在經歷了 30 余年的發展之后，第二產業的所有領域幾乎都面臨過剩。按照西方國家評價產能過剩的指標，當產能利用率或設備利用率低於 79% 時，則被認為設備利用不足，有可能存在產能過剩問題。而根據國際貨幣基金組織的報告，在金融危機發生之前的 2008—2009 年，中國產能利用率也只有 80%。而后，在大規模的刺激之下，產能規模迅速增加，產能

利用率也急遽下跌，甚至部分行業如光伏、電石、鋼鐵、水泥、玻璃的產能利用率不足70%。

在第二產業日趨飽和的情況下，以及國家淘汰落后產能和高污染、高消耗產能的背景下，傳統工業如機械、冶金、電氣、化學、電子、信息已接近完成，而以數字化、服務化、快速成型、人工智能、新材料、工業機器人為基礎的新型工業開始進入發展，工業結構由中低端向中高端邁進。

改革開放以來，中國的產業結構主要位於全球價值鏈的中低端，比較利益較低。但隨著大量人口和資源開始向第三產業即服務業轉移，目前已出現了一些可喜的變化。2013年，中國第三產業在GDP中的比重達到46.1%，首次超過第二產業。2014年，中國GDP同比增長7.4%，第三產業增加值增長8.1%，快於農業和工業的增長，在GDP中的比重上升到48.2%。2015年全國GDP同比增長6.9%，其中服務業的比例為50.5%，高於第二產業的10%，顯示需求結構進一步改善，同時，全年最終消費支出對國內生產總值增長的貢獻率為66.4%，比上年提高15.4%。

新常態下，國家通過大力推動戰略性新興產業和先進製造業的發展，調整優化產業結構，優先發展生產性和生活性行業，逐步化解過剩產能等措施，進一步提升了中國在全世界產業鏈中的地位。在經濟增長中服務業和消費業的貢獻越來越大。

三、增長動力由要素驅動向創新驅動轉變

改革開放以來，中國經濟增長的取得主要依靠勞動、資本、資源三大要素投入，是典型要素驅動性的經濟增長方式。但是從目前來看，三大要素均面臨諸多瓶頸，已經很難再支撐中國經濟的高速發展。

1. 人口因素

在過去 30 年中，每年有數以萬計的勞動力人口從閒置、半閒置狀態投入到製造業中，或者從農村來到城市，為中國的城市化進程和工業化生產提供了源源不斷的勞動力。20 世紀 50 年代至 70 年代的生育高峰導致人口撫養比持續下降，適合勞動密集型工業發展的青壯年勞動力構成了中國經濟增長的「人口紅利」。由於勞動人口數量眾多，他們在工資決定中處於十分不利的地位。低工資也就成為過去中國吸引外資的主要方式之一。

20 世紀 70 年代末實行的計劃生育政策，使得近年來中國人口結構發生了急遽變化，人口紅利逐步消失。2004 年春節過後首次發生的民工荒，以及後來大範圍發生的民工荒，揭開了中國人口紅利發生變化的序曲，顯示勞動力供給整體已經放緩，人口老齡化趨勢勢不可擋，企業用工成本也隨之上升。資料顯示，2004—2010 年，中國製造業的單位勞動成本上升了約 16.9%。近年來隨著房價的上漲，勞動力成本繼續增加，15～59 歲的勞動力人口占比在下降，社會撫養比上升。

2. 資源環境因素

多年粗放式的發展及以能源為主的經濟結構，導致原油和煤炭等的絕對消費量在世界上的比重呈持續上升趨勢，單位 GDP 能耗遠高於發達國家。多年來的「重發展、輕治理、先污染、后治理」的發展方式使得生態環境遭到嚴重破壞，空氣污染、水污染及其他環境問題日益突出。與此同時，中國在能源和部分大宗產品如鐵礦石、天膠中對外依存度卻在增加，使得資源環境對經濟的制約作用日益明顯。

3. 資本因素

作為一個儲蓄率長期高企的國家，中國的高儲蓄率對經濟增長也起了不可忽視的重要作用，負債率和槓桿率在 2009 年以前一直保持在較低且穩定的水平。2009 年，隨著人口紅利的逐

漸減少和城市化進程的加快，國民儲蓄率在達到峰值後開始下降，導致可用資本來源減少。在政府對金融資源仍具有很強的控制力，且一個以間接融資為主的國家裡，大量急需資金的中小企業特別是民營企業很難獲得銀行的貸款，而一些資本使用效率低的國有經濟部門相對來說更容易獲得貸款。因此資本配置低效和扭曲的現象廣泛存在。當然引起這一原因的因素十分複雜。2009年以來，中國槓桿率顯著上升，企業負債率也持續擴大，2008年全社會各部門的加總槓桿率為170%，2010年上升到215%，2014年達到235.7%，2015年債務存量破200萬億元，槓桿率超300%，顯示資本效率低下，資本邊際產出較低。

靠要素驅動的經濟增長使得可持續發展面臨很大的挑戰。因此，經濟必須轉向依靠科技驅動、依靠創新驅動，才能獲得持續的動力。習近平指出，如果把科技創新比作中國發展的新引擎，那麼改革就是點燃這個新引擎必不可少的點火系。創新驅動的新引擎，倒逼改革的點火系更加完善。當然，在經過前面三十幾年的高速發展后，國家不僅累積了巨額的財富，也擁有了一大批科技人才，居民的受教育程度較開放前有了很大程度的提高。這些疊加因素對推動創新提供了有力的支持，也帶來了強大的動力。

四、市場將在資源配置中起決定性作用

市場在資源配置中起決定性作用是經濟新常態的機制保證。雖然在過去三十幾年的實踐中，由政府主導的經濟體制改革取得了巨大的成就，但是也存在著諸多問題，如資源配置不合理、權力尋租問題嚴重、環境污染加劇、資源能源消耗過高、地方政府和企業債務高企等。十八屆三中全會報告中提出使市場在資源配置中起決定性作用，十八屆四中全會報告中又提出社會主義市場經濟本質上是法治經濟，顯示我黨對市場經濟規律的

認識達到了新的高度。

要發揮市場的決定性作用，需要政府在更高層次上實現職能轉變，深入推進簡政放權，加大簡政放權的含金量，深化投資體制改革和推進要素市場化改革，減稅讓利，將不該由政府管理和政府管理不好的事項下放給市場。政府做好事中和事后監督。

經過十年左右的行政制度審批改革，容易取消和下放的行政審批事項基本上改革完了，剩下的都是難啃的骨頭。因此，政府應堅持正確的問題導向，對束縛經濟發展的、突破價值大的權力取消和下放下去，真正實現政府的自我革命。

下放權力、管住政府那只有形的手及逐步退出競爭性領域，並不意味著政府可以撒手不管。政府應當逐步加強其提供公共產品服務的能力，健全宏觀調控體系。這是因為：首先，市場也有失靈的地方及不完善之處。當市場存在失靈以及不完全競爭時，政府應通過法制建設，建立健全司法體系和管理制度，規範調節微觀主體的活動和經濟行為，通過相關制度約束市場主體的行為，提高違法成本。其次，政府應當從生產型政府向服務型政府轉變。這要求政府努力提高公共服務能力和水平，擴大覆蓋範圍，尤其是教育、醫療、養老、衛生體系等關乎民生的普遍性問題，促進社會公平，在尊重市場規律的前提下，鼓勵、引導私人部門參與相關領域的建設和服務提供。

市場在資源配置中起決定性作用，主要是通過價格這一指揮棒來實現的。人類社會對物質文化產品的需求是無限的，但資源總是有限的。把稀缺的資源分配到不同物品和服務的生產上即資源配置，主要是通過價格這只看不見的手進行的。借助於價格，市場可以調整企業的生產經營決策和改變消費者的需求量及需求方向。當某種商品的價格偏高時，企業通常會增加產品的供給量，而消費者則傾向於降低購買量，共同作用的結

果是價格趨向下跌。反之，當某種商品的價格過低時，企業傾向於減少供給量，而消費者對它的需求則增加，共同發生作用的結果是價格上漲。如此周而復始、循環往復，各市場主體在市場上自由地支配自己的生產要素和商品，自由地做出符合自身利益的選擇，通過由市場交換形成的分工協作的社會生產機制，由市場競爭形成的獎勤罰懶、優勝劣汰機制，由市場價格自動調節的供求機制等，使稀缺資源得到最優配置，以盡可能少的資源投入生產盡可能多的產品，獲得盡可能大的效益。

第二節 制度創新的路徑選擇

中國二十多年的商品期貨市場發展，是伴隨著經濟高速發展時期，建立在滿足政府偏好基礎上的一種自上而下的強制性供給行為。其中既有經濟體制改革和市場轉型的客觀需要，也有促進微觀經濟主體減少或規避價格劇烈波動風險的動機。儘管中間出現過許多波折和困難，期貨市場還是深深地融入中國的市場經濟體系之中。

隨著中國經濟呈現出新常態，即增長速度由高速增長轉變為中高速增長、結構不斷優化升級、增長方式由投資和要素驅動轉變為創新驅動，經濟再平衡其實已經開始，部分要素價格開始發生調整，大宗商品價格呈下跌趨勢，且波動頻繁，產能過剩問題嚴重，許多行業進入微利時代。根據諾斯的觀點，制度的建立要受形成時的政治、經濟、文化的影響，即當時的權力關係、制度安排、政治鬥爭、經濟發展狀況、文化傳統及國家行為等的約束，並產生路徑依賴性，因此，歷史是至關重要的。但是當外部環境發生變化，更確切地說，期貨市場賴以發展的制度環境發生變化時，一些規則也會跟著改變，當然，規

則的改變也必須服從於成本，以適應新的社會常態。當前，許多企業在經營中，各種風險特別是價格風險會更加頻繁地出現，因此對風險管理工具的需求會更加精細化。這就要求期貨市場通過自身的升級和能力的提高，主動圍繞降速、增效等關鍵點來服務於實體經濟。而具體到期貨制度設計中最重要一環的交割制度，則需要參與其中的各成員通過自發的制度創新來捕捉潛在的獲利機會，和通過反覆的博弈來達到平衡。如果政府仍然通過行政手段來獲得先發優勢，則可能會破壞制度創新，也就達不到整個社會利益的最大化。

一、政府偏好主導的局限性

二十多年來，商品期貨交割制度日益完善，交割體制逐漸健全，交割風險日益降低，對促進商品期貨市場的發展發揮了重要作用。其表現為：一是交割程序和質量檢驗已逐漸規範。三大交易所對各種交割方式及不同品種的交割流程進行了明確規定，指定的質檢機構代替了市場建立之初的以經驗和感官指標為主的交割品檢驗。二是交易所與定點交割倉庫或指定商品交割廠庫的權利和義務關係更加明確。交割倉庫或廠庫實行申請審批制，並規定了雙方的權利和義務，申請通過后繳納風險抵押金或交割擔保金，接受交易所交割業務的指導和培訓，同時需指定專人負責交割業務。而在期貨市場建立之初，各個主體之間的法律關係不明確，交易所與交割倉庫的關係，既有通過合同或協議書的形式確定的，也有通過審批制的形式確定的。交易所沒有實質性的約束手段，導致交割倉庫違規經營的事情時有發生。三是實行同一品種統一交割制度。始於1993年結束於2000年的期貨市場治理整頓，在1998年將交易所精簡為三家，各交易品種只能選擇其中一個交易所上市交易，使得相同品種的統一交割制度，代替了精簡之前的同品種交割標準不同

的交割制度。標準倉單管理系統的建立，對擴大市場容量、跨市套利和實現期貨市場功能發揮了重要作用。四是形成了實物交割為主，其他交割為輔的多種交割方式。交易所除不斷完善上市品種合約設計，根據市場供求關係的變化調節升貼水，在實物交割方面，繼續完善倉庫交割外，也相繼推出中轉倉單交割、廠庫交割、車船板交割等其他方式，同時還積極探索和推出了除實物交割之外的其他方式。五是交易品種規範化進程加快，大品種的交易體現出連貫性和穩定性。新品種的上市需經過反覆的研究審核和嚴格的審批。合約條款的標準化，避免了交易所之間在同一品種上爭奪客戶與資金的競爭。近幾年，隨著新品種上市提速，市場上成交活躍的基本上都是關係國計民生的產品，且成交量出現急遽波動的概率大幅下降。

　　二十多年來，商品期貨交割已日益規範，交割風險大幅降低，取得了令人矚目的成就。但是，由於中國期貨市場並不是在成熟的市場經濟的基礎上建立起來的，期貨交割演進是在政府偏好主導該市場的發展、現貨市場基礎逐漸加強但全國統一的市場沒有形成、西方成熟期貨市場的交割制度為中國提供經驗借鑑這一制度背景之中發展起來的，微觀主體如投資投機者、套利者、套期保值者和經紀商基本上很少參與期貨交割制度設計中來，就現實而言，它還存在一些缺陷。主要表現為：

(一) 組織制度的缺陷

　　目前中國期貨市場形成了一個以中國證監會為領導，以期貨交易所、期貨業協會、期貨保證金監控中心為補充的監管體系。這種監管體系的建立較適合於當前的國情和市場規則，對降低市場風險及期貨經紀業務的管理有重要作用。但是，它仍然存在缺陷：①期貨交易所承擔的職能過多。根據現行的制度安排，證監會是期貨市場管理的核心，對該市場參與各方的交易、結算及交割進行監管，交易所則負責設計、安排期貨合約

上市。因此，在交割制度的設計上如交割庫的選取、交割基準商品及標準的確定、升貼水的設置、交割方式的確立等事實上由交易所完全負責及組織實施。這在客觀上造成了交易所一手遮天的局面，增加了道德風險。一些時候，上市的商品標準與行業協會的標準並不統一，從而令生產商和消費者或投資商無所適從，加大了交易成本。②交割制度創新的主體缺少投資者、套期保值者和經紀商參與。在早期期貨試點及創辦階段，政府是整個商品期貨市場及交割制度變遷的主體，也是交割制度制定的推動者。因為在中央集權的制度背景下，政府相對於其他經濟主體，在資源配置上擁有更大的話語權及支配能力。非政府組織進行制度創新面臨極高的成本，自然缺乏動力。從該意義上說，由政府推進的這一制度供給保證了中國能用二十多年的時間，在現貨基礎薄弱、期貨從無到有的情況下，走完發達國家一百多年才能走完的路程。但是，隨著外部競爭越來越激烈，市場的日趨完善和改革的深入，以及統治者的有限理性，如果與交割有關的主體如投資投機者、套期保值和套利者、經紀商不能參與進來，制度創新的動力將不足，制度安排的缺陷將會導致微觀主體的利益受損。回顧二十幾年來發生的期貨交易違規案例和經濟糾紛，許多都與交割環節存在的問題有關，累積的風險最終集中在交割環節發生，進而影響到中國期貨市場的發展。

(二) 市場制度的缺陷

作為期貨市場中不可缺少的交割環節，其發展和實施不僅受到該市場自身完善程度的影響，也與整個市場制度特別是現貨市場的完善有密切的關係。總的說來，三十幾年的改革和經濟高速發展，使現貨市場基礎已逐漸完善，但仍然存在一些不足，並對商品期貨的交割產生不利影響。其不足表現為：①現貨市場的不完善降低了期貨市場的流動性。期貨市場是市場交

易的高級形態，要求有較為發達的現貨市場作為基礎。中國經濟在轉型過程中，兩個市場之間存在著矛盾關係。一方面，價格體制改革使得商品的價格波動範圍擴大，甚至暴漲暴跌，客觀上產生了避險需求的機構或用戶，構成了期貨市場的需求主體；但另一方面，區域市場發展不平衡、條塊分割的情況依然存在，為促進本地經濟發展和提高競爭力，地方政府不同程度地會借助行政或其他手段阻礙資源或資本自由進出，並可能會造成現貨市場價格扭曲，進而影響到期貨市場價格發現功能的實現，和降低該市場的流動性。②交割品標準設置與現貨市場可能存在脫節。交割標準品的設置需考慮現貨市場的發展狀況，交割範圍太小容易發生逼倉風險，範圍太大則使得升貼水設置更加複雜，賣方會傾向選擇等級較低的貨物進行交割。因此，期貨設計人員不僅要求是期貨領域的專家，也必須熟悉現貨市場的情況。而這一點容易被人們疏忽。在中國，部分商品特別是農產品生產的規模化程度不高，且容易受到自然狀況影響。儘管交易所不時對標準品和替代品進行調整和修訂，但標準品的設置與現貨市場脫節的情況仍有時存在。③農產品市場避險主體的農民很難真正參與到期貨市場中來。雖然中國已形成了較為齊全的農產品期貨體系，但農產品生產方式基本上以家庭為單位，規模和集約化程度不高。農業生產的主體一般缺乏金融衍生產品的知識和能力，抗風險能力低，他們參與期貨市場的意識薄弱。並且按照規定，申請套期保值需提供營業執照和上年度的現貨經營業績，加之缺乏有效的行業仲介組織，所以農民在期貨市場中基本上呈缺位狀態。

(三) 合約設計制度的缺陷

期貨市場的所有交易制度都與交割相關聯，因為交割制度包括與交割有關的任何規範和管理措施。期貨合約的設計應當有利於降低市場成本、產業客戶進行風險管理以及在效率和風

險之間取得平衡。目前，交割制度的主要缺陷有：①交割成本偏高。如果進行實物交割，相關的費用包括進出庫費用、裝卸費用、打包費用、倉儲保管費用、檢驗費用、過戶費用、代辦費用、整理或分揀費用、交割手續費以及途中發生的運輸費用等。除此以外，對農產品來說，包裝物及其縫口都有要求，無疑，它們會增加現貨產品用來進行實物交割的成本。②交割月的高額保證金不利於套保盤的進入。出於風險控制的考慮，三大交易所對申請套期保值的會員或客戶都有相應的規定，通過梯度保證金和梯度限倉來控制市場風險。對於那些並不希望進行實物交割的套期保值用戶來說，臨近交割月和到期月份高額的保證金和平倉規定，以及該月份的自由競價，無疑會增加他們的風險。③交割倉庫的佈局不太合理。當交割倉庫違約導致標準倉單持有人發生損失時，交易所需承擔連帶責任，且單交割地點易於管理和便於套期保值。因此，從理論上說，交易所傾向於選擇單交割地點。但單一交割地點的設立會導致產品流發生改變，且可供交割量有限易引發交割風險。所以，商品期貨多交割地點已成為普遍現象。而在區域市場分割的情況下，當現貨市場的環境發生改變使得產地、銷地或集散地也跟著變化時，交割倉庫的設置很難適時調整，註冊倉庫的地區升貼水並不能真實地反應市場供求關係的變化，限制了期現貨市場的進一步融通。

二、強制性變遷向誘致性變遷轉變

政府在中國商品期貨市場的制度創建中發揮了關鍵作用，也是交割制度制定的推動者。中國三十幾年制度變遷的經驗表明，在改革之初，由政府推動的強制性制度變遷是制度創新的主要形式。因為在中央集權的經濟背景下，政府相對於其他利益主體，在資源配置和政治力量上，基本上對經濟資源擁有絕

对的支配權。它幾乎沒有為經濟中的其他主體如個人、自願機構或團體的制度創新留下空間。非政府制度創新者如進行制度創新將面臨極高的成本，自然缺乏動力。從該意義上說，強制性制度變遷保證了中國改革開放之初制度變遷的效率，也使得中國這樣一個從計劃經濟向市場經濟轉型的國家，在現貨市場基礎薄弱的情況下，能用二十幾年的時間，走完西方國家期貨市場一百多年才能走完的歷程。

之所以選擇強制性變遷，其原因可以從成本—收益分析中找到。由於當時中國的市場發育程度比較低，如依靠市場自身的力量推動，即讓市場從現貨交易—批發交易—遠期交易—交易合約標準化自然發育，這個過程會曠日持久。而在高度集權的計劃經濟體制下，政府在社會政治和經濟中處於壟斷地位，發揮政府的組織功能，通過行政權力及政策推進農產品期貨市場的建立和發展，可以極大地縮短變遷的成本和時間，但也會導致邊際收益出現遞減。事實上，由於政府和交易所的偏好和有限理性，在微觀層面的制度設計中，如果照搬別國的做法，對分散的微觀主體的利益訴求考慮不夠，則可能會導致制度變遷失敗或效率不高。當前或今後的一段時間裡，強制性變遷仍然會占主導地位。隨著套期保值者隊伍的增大和其他社會成員的參與，在新的政策制定中如何把他們的利益訴求反應到其中，減少制度變遷的成本和阻力，將是今後不得不解決的問題。

但是隨著外部競爭的日趨激烈，市場的不斷發展及改革的深入，以及統治者的偏好及有限理性，政府可能會重新調整位置，最簡單的方式就是退出創新。事實上，面對開放社會，微觀主體的利益訴求已越來越多地影響到政策的制定，並獲得越來越多的自發創新空間。政府依靠所擁有的資源優勢和權威設計一種新的制度，並按照自己的理解強制執行所謂的新規則，即使在較短的時間內能完成某一制度變遷，也可能會造成政府

和社會成員對規則理解的不同而引起社會秩序的紊亂，反而會損害該種制度創新。

在中國經濟進入新常態時，多數產業進入微利時代，低增速、低能耗、低槓桿是企業發展的主要方式。全球化競爭之下，中國與世界經濟的聯繫越來越緊密，外界經濟的波動對國內企業的影響越來越大。在這樣一種背景之下，價格風險、利率風險、資金使用效率等因素的重要性就會顯現出來。企業面臨的環境更加複雜多變，生產經營日益精細化，所以企業的風險管理就顯得尤為重要。而期貨工具管理風險的功能在這一階段將發揮極其重要的作用。這就要求期貨市場通過自身的升級和對外開放，不斷提高服務於實體經濟的能力，取得與中國第二大經濟體對應的產品定價話語權。因此，隨著中國進入經濟新常態，所處外部環境的更加複雜多變，政府權威正慢慢從市場中淡化甚至退出，微觀主體正獲得越來越多的自發創新空間。因此，我們有必要尊重和引導及激勵微觀主體參與到期貨市場的建設中來，從而提升整個期貨市場服務於實體經濟的能力。

第三節　制度創新的動力和主體

一、交割制度變遷的主體應是投機者、套利者、套期保值者和經紀商

中國期貨市場的制度創新及交割制度的設計，一直以來由政府主導，如果沒有微觀主體即投資者、投機者、套利者及套保者和經紀商的自發參與，制度創新的動力則將不足，制度安排的缺陷將會導致微觀主體的利益受損。回顧這些年來發生的一系列期貨交易違規案例和經濟糾紛，許多都與交割環節存在

問題有關，積聚的風險最終在交割環節集中爆發，進而影響到中國期貨市場的發展。

現實中，只要有潛在獲利機會，微觀主體就有能力或有意識地通過自發創新來捕捉這一獲利機會，並存在推動這一制度變遷的動力。誘致性制度變遷中，具有利益需求的處於基層的行為主體因潛在的獲利機會，自發地自下而上產生對制度的需求或認可，並進而影響決策安排。因此它具有邊際效應遞增的特性，是一種漸進的、不斷分攤改革成本的演進過程。

以中國商品期貨交割制度為例。歷史上交割風險頻發、交割成本過高及交割的低效率，導致微觀經濟主體不滿。政府自身的知識限制使得其選擇常常不符合實際的特定環境。隨著套期保值者隊伍的日漸擴大以及其他社會成員的選擇，微觀經濟主體可能會在適當的時機通過本利益集團代言人或利用各種媒體和渠道與政府部門溝通，對標準品的選擇、交割物等級及升貼水的設計、倉單標準化及流通等施加影響，經過一系列討價還價后與監管機構達成互利的交易，並最后形成一個新的政策，促使政府通過正式制度或規則承認微觀主體的需求。

1. 投機者

投機者進入市場的目的是為了獲利。他在對某種商品未來市場價格變化趨勢預測的基礎上，採取先買后賣或先賣后買的操作方式，以圖獲取價差收益。投機者不以在期貨市場進行實物交割獲取商品為目的，在現貨市場上也不購買商品。

投機者雖然不以獲得實物為目的，但卻承擔了套期保值者希望轉移的價格風險。在期貨合約的對沖交易中，不管是先買后賣的決策，還是先賣后買的決策，依據的都是投機者對未來價格走勢的判斷，因此沒有任何一個投機者能對未來有百分之百的準確判斷，所以他也需要承擔價格變化與他的預測不一致的風險。為了減少這種風險並獲取最大化的投機利潤，投機者

最簡單的辦法就是擁有足夠的占支配地位的交易量以達到操縱市場的目的。當期貨市場出現價格操縱時，期貨價格的漲跌必然會脫離現貨價格漲跌的運行軌跡，甚至脫離商品的供求基本面。這種局面的出現，首先，將使得套期保值的運作機制遭到破壞。當期貨價格的運行軌道脫離了現貨市場的基本面後，套期保值者不但不能轉移價格風險，甚至可能在現貨市場和期貨市場都面臨虧損，結果是增加了他們的價格風險。其次，期貨價格信息扭曲了商品市場的供求行情，對生產商產生誤導，導致供求關係惡化。最后，在短期的暴漲或暴跌後，一部分人或機構因損失慘重而離開這個市場，使得期貨交易量迅速下降，也不利於期貨市場的發展。

雖然投機者並不希望進行實物交割，但良好的交割制度仍然可以減少投機者的風險。這是因為操縱市場的結果必然導致相反方向的交易者損失慘重。對於多數投機者來說，仍然希望當市場出現操縱可能性，能夠有退出的機制。因此，完善合理的實物交割制度便是退出機制的保證。

2. 套利者

從本質上來說，套利者也屬於投機者，只是投機者運用套期保值交易原理，希望減少投機風險並獲得相對穩定的投機收益。套利者的交易方式主要有三種形式：跨期套利、跨品種套利、跨市套利。

跨期套利是投機者利用同一市場同一品種但不同交割月份的合約價格之差的非常規波動，通過建立反向交易進行對沖而獲利的一種交易方式。它主要是投機者通過預測進而掌握不同時間價格波動幅度的大小來進行價差投機的。跨品種套利則是投機者在同一市場同一時間買空賣空同一交割月份的兩種不同商品的期貨合約的一種交易方式。跨市套利則是投機者在兩個不同的交易所以相反交易方向交易同一期貨品種，希望從兩個

市場的價格波動中套取差額利潤。

套利者的大量存在有利於平抑價格波動幅度，其目的是期望通過科學地預測未來時期漲跌趨勢及把握住買賣對沖的時機獲取收益。他們並不以實物交割為目的，但是如果沒有完善的實物交割制度，期貨價格的產生也就脫離了現貨市場，成為無源之水，也就增加了套利者預測價格變化的難度。

3. 套期保值者

生產者、經銷商在生產經營過程中，由於各種原因，需要在未來時期的現貨市場購買或銷售某種商品，但是又擔心現貨市場的價格朝他們不利的一側變化。在該種情況下，生產者或經銷商並不擔心能否在現貨市場買到或銷售出商品，擔心的是價格的波動對他們的生產或經營造成不利。規避價格波動的風險，只有利用期貨市場來實現。這就是將現貨市場的商品買賣活動與期貨市場的期貨合約買賣活動聯繫起來，並以相反的方向進行操作。

套期保值者規避價格風險，主要是通過交割來保證的。他通常以實物交割為目的。當然在某些情況下，他也可以平倉期貨合約，再到現貨市場購買商品來避險。所以對於套期保值者來說，交割條款的設計直接左右著他所收到的實物是否是他所需要的產品，或者其所生產的產品能不能在期貨市場進行交割。因此，套期保值者最有動力也最希望交割條款能有利於自己。

誘致性制度變遷仍然離不開組織的力量。單個人在社會中的談判力量是微不足道的，所以上述不同的微觀主體在理性計算成本的基礎上，可以形成一個個具有局部利益的利益共同體。這些利益共同體與其他利益共同體形成交易關係，並在相互作用過程中維護自己所屬群體的利益。

二、變遷主體需加強與政府監管部門和交易所的溝通及互動

當然，誘致性制度變遷也存在一些缺陷，如反覆博弈的時間較長、效率較低且花費大量的交易費用，這些不足可能會導致制度變遷失敗。所以，作為這一變遷的主體——投機者、套期保值者、經紀商、交易所等應加強與政府的溝通及協調，尋求更有利的外部環境，減少制度變遷的成本和阻力，從而增強制度變遷的動力。當然，在微觀主體追求自身收益最大化，相互作用自發形成的制度能夠被接受的前提下，誘致性變遷主體也應適當結合強制性變遷主體共同推進，畢竟后者擁有前者不具有的優勢如降低組織及實施時間、節約實施費用。當然，政府也應放松對自發行動的限制，並為其提供創新空間。

總之，交割制度的設計是一項非常實務的研究工作，一方面要考慮具體各參與方的利益，降低交割成本；另一方面又需要以現貨市場為基礎，針對具體的交割品種，根據商品生產、流通、加工、消費的不同特點，並考慮期貨交易的要求，通過嚴密的制度和程序來防範交割風險。而為了使自己的合理利益訴求能在具體的制度設計中體現出來，誘致性制度變遷的微觀利益主體應當在適當時機通過本利益集團的代言人或者新聞媒體與政府監管部門溝通，在不斷地討價還價后與政府達成某些互利的交易，從而使政府通過正式制度承認微觀主體的利益訴求。

在自發形成的制度可以被接受的前提下，政府也應當意識到行政權力必須尊重和保護交易者的合法利益，並放松對自發行動的限制，退出相關領域，為自發的制度安排提供創新的空間。

參考文獻

[1] 霍瑞戎. 期貨交割制度設計須考慮的基本因素 [J]. 中國證券期貨, 2008 (8).

[2] 霍瑞戎. 商品期貨實物交割制度研究 [D]. 大連: 東北財經大學, 2009.

[3] 荊林波. 關於期貨現金交割方式的探討 [J]. 商業經濟研究, 1998 (9).

[4] 高全勝, 姚仲誠. 商品期貨現金交割問題研究 [J]. 武漢工業學院學報, 2008 (3).

[5] 陳偉, 王淑梅. 廠庫交割制度有助於套保功能得到有效發揮 [N]. 期貨日報, 2010-12-09 (003).

[6] 胡俞越, 任杰, 孫超. 保稅交割: 中國期貨市場創新發展的突破口 [J]. 上海金融, 2012 (1).

[7] 陳偉, 李延喜, 徐信忠. 區域分割市場環境下商品期貨交割地最優設置——豆粕期貨的實證研究 [J]. 現代管理科學, 2012 (8).

[8] 陳偉. 商品期貨實物交割選擇權及影響研究——以大連商品交易所為例 [D]. 遼寧: 大連理工大學, 2013.

[9] 高靜美. 海外期貨市場交割結算方法的轉變及啟示 [J]. 石家莊學院學報, 2009 (1).

[10] 冷冰, 王宗芳. 國外典型金屬期貨交割方式研究

[N]. 期貨日報，2013-02-04（004）.

[11] 冷冰，王宗芳. 國外典型能源期貨交割方式研究[N]. 期貨日報，2013-02-18（004）.

[12] 冷冰，王宗芳. 國外典型農產品期貨交割方式研究[N]. 期貨日報，2013-01-28（004）.

[13] 陶琳，李經謀. 中國期貨市場理論問題研究[M]. 北京：中國財政經濟出版社，1997.

[14] 童宛生，胡俞越，等. 中國商品期貨價格形成理論與實證分析[M]. 北京：中國財政經濟出版社，1997.

[15] 楊玉川，等. 現代期貨期權創新與風險管理[M]. 北京：經濟管理出版社，2002.

[16] 陳天祥. 論中國制度變遷的方式[J]. 中山大學學報：社會科學版，2001（3）.

[17] 林紅玲. 西方制度變遷理論述評[J]. 社會科學輯刊，2001（1）.

[18] 凡勃倫. 有閒階級論[M]. 蔡受百，譯. 北京：商務印書館，1964.

[19] 丹尼爾 W 布羅姆利. 經濟利益與經濟制度——公共政策的理論基礎[M]. 陳鬱，郭宇峰，等，譯. 上海：上海三聯書店，1996.

[20] 林毅夫. 關於制度變遷的經濟學理論：誘致性變遷與強制變遷[M]//R 科斯，A 阿爾欽，D 諾斯，等. 財產權利與制度變遷. 上海：上海三聯書店，1994.

[21] RH 科斯. 社會成本問題[M]//R 科斯，A 阿爾欽，D 諾斯，等. 財產權利與制度變遷. 上海：上海三聯書店，1994.

[22] 林毅夫，蔡昉，等. 論中國經濟改革的漸進式道路[M]//盛洪. 中國的過渡經濟學. 上海：上海三聯書店，1994.

[23] 歐陽日輝. 中國期貨市場發展的制度分析 [M]. 重慶：重慶出版社, 2006.

[24] 道格拉斯 C 諾斯. 經濟史中的結構與變遷 [M]. 陳鬱, 羅華平, 等, 譯. 上海：上海三聯書店, 1994.

[25] 道格拉斯 C 諾斯. 制度、制度變遷與經濟績效 [M]. 杭行, 譯. 上海：格致出版社, 2008.

[26] 洪銀興, 劉志彪, 等. 轉軌時期中國經濟運行與發展 [M]. 北京：經濟科學出版社, 2002.

[27] 安妮·派克, 杰弗利·威廉斯. 期貨交割 [M]. 趙文廣, 張杭, 等, 譯. 北京：中國財政經濟出版社, 1998.

[28] 托馬斯 A 海爾奈莫斯. 湯姆期貨文集 [M]. 王學勤, 譯. 北京：中國財政經濟出版社, 2000.

[29] 苗壯. 制度變遷中的改革戰略選擇問題 [J]. 經濟研究, 1992 (10).

[30] 楊瑞龍. 中國制度變遷方式轉換的三個階段 [J]. 經濟研究, 1998 (1).

[31] 楊瑞龍. 制度變遷方式的轉換與中國投融資體制的演變 [J]. 教學與研究, 1998 (10).

[32] 劉文革, 劉婷婷. 以諾斯為代表的制度變遷理論評析 [J]. 學術交流, 2007 (3).

[33] 方朝暉. Path dependence 還是 Lock-in——道格拉斯·C.諾斯論制度變遷的兩條軌跡 [J]. 經濟社會體制比較, 1994 (2).

[34] 楊雪冬. 國家和制度創新：諾斯的國家理論述評 [J]. 經濟社會體制比較, 1996 (1).

[35] 宋承國. 當代中國期貨市場的發展研究 [J]. 同濟大學學報：社會科學版, 2012 (2).

[36] 宋承國. 中國期貨市場的歷史與發展研究 [D]. 蘇

州：蘇州大學，2010.

[37] 曹邇求. 中國期貨市場：十年回顧與發展展望 [J]. 山東大學學報：哲學社會科學版，2002（5）.

[38] 謝靈斌. 基於制度變遷的中國商品期貨交割演進分析 [J]. 西部論壇，2015（3）.

[39] 謝靈斌. 中國商品期貨交割歷史考察 [J]. 商業研究，2015（10）.

[40] 謝靈斌. 中國農產品期貨交割的特點與評價察 [J]. 商業經濟研究，2016（6）.

[41] 祝合良. 中國期貨市場的規範與發展 [M]. 北京：社會科學文獻出版社，2012.

[42] 葉全良. 期貨論：中美期貨市場比較研究 [M]. 武漢：湖北人民出版社，2003.

[43] 常遠. 中國期貨史（1921—2010）[M]. 天津：天津古籍出版社，2011.

[44] 廖英敏. 中國期貨市場 [M]. 武漢：湖北人民出版社，1999.

[45] 王學慶. 中國「價格改革」軌跡及其下一步 [J]. 改革，2013（4）.

[46] 曾慧琴. 中國市場價格體制的形成過程及實證分析 [J]. 東南學術，2004（5）.

[47] 王濟光. 商品期貨交易的現貨市場基礎——理論、實證與政策分析 [M]. 北京：中國財政經濟出版社，1999.

[48] 干春暉. 中國經濟體制改革30年 [M]. 上海：上海財經大學出版社，2008.

[49] 桂琦寒，陳敏，等. 中國國內商品市場趨於分割還是整合：基於相對價格法的分析 [J]. 世界經濟，2006（2）.

[50] 範愛軍，李真，等. 國內市場分割及其影響因素的實

證分析——以中國商品市場為例 [J]. 南開經濟研究, 2007 (5).

[51] 張建剛. 中國期貨市場品種創新研究 [D]. 天津: 天津大學, 2006.

[52] 李慧鵬. 期貨品種開發研究 [D]. 北京: 首都經濟貿易大學, 2006.

[53] 郭曉利, 馬瑾. 期貨品種成敗及影響因素研究 [J]. 證券市場導報, 2011 (8).

[54] 鄒海濤, 候述禮. 期貨品種創新與中國期貨市場的發展 [J]. 山東財政學院學報, 1999 (6).

[55] 邱聰智. 新訂債法各論 [M]. 北京: 人民大學出版社, 2006.

[56] 王宗芳, 曹登科. 期貨實物交割質量升貼水設計的一種方法 [J]. 金融理論與實踐, 2013 (2).

[57] 王宗芳. 鄭州商品交易所棉花期貨交割倉庫佈局分析 [J]. 金融理論與實踐, 2009 (8).

[58] 上海期貨交易所網站: http://www.shfe.com.cn/.

[59] 大連商品交易所網站: http://www.dce.com.cn.

[60] 鄭州商品交易所網站: http://www.czce.com.cn/.

[61] 中國期貨業協會網站: http://www.cfachina.org/.

[62] 深圳市博源經濟研究基金會. 中國經濟調整與改革深化 [M]. 北京: 社會科學文獻出版社, 2015.

[63] 國家行政學院課題組. 走進新常態的中國經濟 [M]. 北京: 國家行政學院出版社, 2015.

[64] 李揚. 引領新常態: 若干重點領域改革探索 [M]. 北京: 社會科學文獻出版社, 2015.

[65] 方竹蘭. 民眾經濟權利演化論 [M]. 北京: 中國財政出版社, 2014.

[66] 李楊，張曉晶. 論新常態 [M]. 北京：人民出版社，2015.

[67] 中國社會科學院數量經濟與技術經濟研究所循環經濟發展評價創新工程項目組. 中國「經濟新常態」：內涵與對策 [M]. 北京：中國社會科學出版社，2015.

[68] 張曉晶，常欣. 中國經濟改革的大邏輯 [M]. 北京：中國社會科學出版社，2015.

[69] 徐偉濱，周翰輝，等. 中國商品期貨市場的成就及國際比較 [J]. 金融經濟，2010（22）.

[70] 張雷. 糧油期貨交割方式創新建議 [J]. 改革與理論，2002（10）.

[71] 王立華，席志勇. 期貨轉現貨是期貨交割的又一有效途徑 [J]. 有色金屬工業，2001（5）.

[72] 張廣文. 期轉現是大宗商品期貨交割的有效形式 [J]. 物流科技，2006（6）.

[73] 黃韜，陳儒丹. 完善中國期貨市場交易信息披露法律機制的研究 [J]. 上海財經大學學報，2012（4）.

[74] 王少梅，於鳳麗. 借鑑美國期貨市場運行機制，培育和完善中國的期貨市場 [J]. 山東財政學院學報，1997（3）.

[75] 姜昌武，楊帆. LME規則解析及對國內期貨市場發展啟示 [J]. 銅業工程，2009（4）.

[76] 高運勝. 倫敦金屬交易所（LME）交易制度及其啟示 [J]. 海南金融，2014（5）.

[77] 王少梅. 美國期貨市場運行機制及借鑑 [J]. 山東對外經貿，1998（11）.

[78] 湯雲龍，常飛. 美國期貨品種上市機制的借鑑與啟示 [J]. 現代管理科學，2014（3）.

[79] 羅劍. 美國商品期貨操縱行為的認定 [N]. 期貨日

報，2010-12-30（004）.

［80］李強. 期貨市場的國際慣例及對中國的啟示［J］. 河南金融管理幹部學院學報，2003（2）.

［81］王國順，趙文廣. 中美期貨市場持倉限制制度比較［J］. 證券市場導報，2011（8）.

［82］張國炎，張熙鳴. 美國期貨交易法［M］. 上海：上海社會科學字出版社，2015.

［83］王學勤，吳前煜. 從自律走向法律：美國期貨市場監管160年管窺［J］. 證券市場導報，2009（10）.

［84］張占倉. 中國經濟新常態與可持續發展新趨勢［J］. 河南科學，2015（1）.

［85］陳偉，王淑梅. 廠庫交割制度有助於套保功能得到有效發揮［N］. 期貨日報，2010-12-09（003）.

［86］王超. 設置交割中轉庫，服務新疆棉花產業［N］. 中國證券報，2014-10-20（A05）.

［87］DAVIS L, NORTH DOUGLASS C. Institutional change and American economic growth［M］. London：Cambridge university press，1971.

［88］NORTH DOUGLASS C. Institutional, Institutional change and economic performance［M］. London：Cambridge university press，1990.

［89］COMMONS, JOHN R. Institutional economic［M］. Madison：University of Wisconsin press，1934.

［90］ALCHIAN, ARMEN A. Uncertainly, evolution and economic theory［J］. Journal of political economy，1950（6）.

［91］COASE. The nature of the firm［J］. Economics，1937（4）.

［92］SHLEIFER A. Inefficient market：an introduction to behavioral finance [M]. Oxford: Oxford university press, 2000.

[93] EUGENE FAMA. Efficient capial markets: A review of theory and empirical work [J]. Journal of finanec, 1970 (5).

[94] EL ERIAN M A. Navigating the new normal in industrial countries [Z]. International monetary fund, 2012.

[95] ARTHUR W B. Competing technologies, increasing returns and lock in by historical events [J]. The economics journal, 1998 (3).

[96] PIERSON P. Increasing returns, path dependence and the study of politics [J]. American political science review, 1994 (2).

國家圖書館出版品預行編目(CIP)資料

中國商品期貨交割的演進與發展/ 謝靈斌 著.-- 第一版.
-- 臺北市：崧博出版：財經錢線文化發行，2018.10

面；　公分

ISBN 978-957-735-509-6(平裝)

1.商品期貨 2.期貨交易 3.中國

563.534　　　107015476

書　　名：中國商品期貨交割的演進與發展
作　　者：謝靈斌 著
發 行 人：黃振庭
出 版 者：崧博出版事業有限公司
發 行 者：財經錢線文化事業有限公司
E-mail：sonbookservice@gmail.com
粉絲頁　　　　　　　　網　　址：
地　　址：台北市中正區延平南路六十一號五樓一室
8F.-815, No.61, Sec. 1, Chongqing S. Rd., Zhongzheng
Dist., Taipei City 100, Taiwan (R.O.C.)
電　　話：(02)2370-3310　傳　真：(02) 2370-3210
總 經 銷：紅螞蟻圖書有限公司
地　　址：台北市內湖區舊宗路二段121巷19號
電　　話：02-2795-3656　　傳真：02-2795-4100　網址：
印　　刷：京峯彩色印刷有限公司（京峰數位）
　　本書版權為西南財經大學出版社所有授權崧博出版事業有限公司獨家發行
　　電子書繁體字版。若有其他相關權利及授權需求請與本公司聯繫。

定價：350元

發行日期：2018年 10 月第一版

◎ 本書以POD印製發行